Rompiendo con la
TOXICIDAD

Un libro de ejercicios simplificados para reconocer la toxicidad y recuperar tu poder frente a las **personas tóxicas**

Maria Shkreli, LMHC

Este libro contiene información resumida relacionada con la salud mental. No está destinado a reemplazar el consejo médico y no debe usarse para complementar la atención de salud mental. Se han hecho todos los esfuerzos posibles para garantizar la exactitud de la información proporcionada. Tanto el editor como el autor renuncian a cualquier responsabilidad por los métodos aplicados o sugeridos en esta guía. Los personajes e incidentes retratados en este libro han sido modificados para proteger la privacidad de las personas. Para mantener su anonimato, no he usado ni implícito los nombres de las personas y los lugares donde residen. Es posible que haya cambiado algunas características y detalles de identificación para proteger aún más su identidad. Cualquier parecido con personas reales, vivas o muertas, o eventos reales, es pura coincidencia.

Primera serie: Agosto de 2023
Impreso en los Estados Unidos de América.

ISBN-979-8-218-26577-9

Contenido

INTRODUCCIÓN   1-5

Adelante   6

Conciencia de Sí Mismo   9

Apareciendo por Ti   22

¿Qué es la Toxicidad?   23
 Relaciones tóxicas; Atraigo personas tóxicas; Banderas rojas / Comportamientos
Tóxicos; ¿Puede funcionar una relación tóxica?

¿Qué es el Trastorno Narcisista de la Personalidad?   30
NPD vs. Rasgos narcisistas; Relaciones; Comportamientos comunes; Reconocimiento de
patrones; Autocuidado

Trastorno Límite de la Personalidad Relaciones;   40
 Reconocimiento de patrones; Autocuidado

Crecer con un Padre Narcisista y / o Límite   49

Aprendiendo Sobre Ti   55
Genograma; Qué es el trauma; Efectos del trauma; Vinculación traumática; Estilos de
apego

Ansiedad   71

Creencias   74
Fundamentales

Pensamiento Irracional Patrones;   78
 Pensamientos; Métodos; Escala emocional

Empatía, Expectativas y Suposiciones Diario de pensamientos   85

¿Cómo Te Comunicas?   92

¿Qué Son Los Límites ? Límites saludables   97

Lo Que Puedo Controlar   102

¿Tengo Rasgos Tóxicos?   103
 Comportamientos poco saludables; Patrones; Banderas rojas sobre ti mismo

¿Qué Sigue?   110

Encontrando Tu Paz   111

Hojas de Trabajo y Desafíos   112

Recordatorios   131

Autoexploración   132

Dejar Ir   184

Aprenderás sobre:
- Trauma
- Relaciones y rasgos tóxicos
- Vinculación traumática
- Apegos Ansiosos
- Trastorno de Personalidad Dependiente
- Trastorno narcisista de la Personalidad, Rasgos narcisistas de la personalidad
- Trastorno Límite de la Personalidad
- Límites y comunicación
- Pensamientos y creencias irracionales

Use este libro como suplemento, si está en terapia. **Si es necesario, la asistencia profesional es su mejor enfoque.**

Maria Shkreli es una Terapeuta de Salud Mental con licencia y autora que ejerce en Pleasantville, Nueva York. (therapy4growth.com) Sus especialidades incluyen trabajar con Ansiedad, TDAH, Conflictos Familiares, Conflictos de Pareja, Relaciones Tóxicas y Diagnósticos de Personalidad. Además, es autora de Negative Thoughts Don't = A POSITIVE LIFE, My 14-Day Anxiety Challenge, Colorful Emotion, Help! Mi Ansioso Estudiante de Secundaria, El DSM-5 IncOMPRENDIDO, La Guía de Estudio Simplificada de NCMHCE y la Guía para Estudiantes Universitarios para Comprender el DSM—5.

A todas las personas en mi vida que me
derribaron y me ayudaron a romper el ciclo de toxicidad

Encontrarás tu ZEN (JAZ)

Adelante

Por qué sucedió este libro de ejercicios.

Estoy seguro de que muchos de ustedes ya han comprado muchos libros y hablado con otros sobre relaciones tóxicas, y este libro de autoayuda es otro para agregar a su colección. *¿Por qué cometo estos errores? ¿Por qué no puedo romper el ciclo?* Una razón es porque las personas que son demasiado empáticas son objetivos fáciles para las personas tóxicas. Pasé años buscando las mismas respuestas y aprendí que cuando un individuo está listo para desafiarse a sí mismo, hará el trabajo necesario.

Hay innumerables libros sobre relaciones tóxicas, algunos son complejos y otros simples. Mi objetivo es agregar una opción simple pero sólida para que las personas aprendan las estrategias que utilizo en mis grupos de apoyo y sesiones de asesoramiento individual con mis clientes. La información, las recomendaciones y las técnicas de este libro lo ayudarán a educarlo sobre qué es la toxicidad y lo ayudarán a aprender a identificar patrones de relaciones poco saludables. Le ayudará a identificar sus propios patrones poco saludables y a implementar métodos para reducir y manejar el impacto que estas relaciones tienen en su vida.

Este libro no está escrito en términos clínicos; no quiero abrumarte. Las estrategias y métodos que descubrirá en las próximas páginas son una forma de comenzar a ayudarlo activamente a abordar su comprensión de las relaciones tóxicas. Eventualmente, lo ayudarán a trabajar hacia una forma más feliz y saludable de sobrellevar la situación sin quedar atrapado en el ciclo de caos con personas tóxicas. He tomado ciertas secciones de otros libros que he escrito y las he agregado a este libro de trabajo porque brindan información valiosa y claridad que han ayudado a finalizar ciclos y capítulos tanto para mi propio viaje de curación como para el de mis clientes.

Seré tan informativo como pueda para ayudarlo a aprender por qué se siente atraído por estas personas, cómo reconocer el impacto que tienen en usted y cómo reducir y eventualmente eliminar este impacto.

Seré tan informativo como pueda para ayudarlo a aprender por qué se siente atraído por estas personas, cómo reconocer el impacto que tienen en usted y cómo reducir y eventualmente eliminar este impacto.

No siempre se trata de relaciones íntimas, pueden ser amigos , compañeros de trabajo, familiares y jefes. No importa en qué momento estuvieron en tu vida, lo que importa es que te liberaste. Gracias a estas personas, desarrollaste la fuerza para recuperar tu vida. Estabas destrozado sin saber que estabas destrozado. Todos conocemos personas con rasgos de diagnóstico de personalidad, y son parte de nuestras vidas; con límites firmes y buena comunicación, pueden permanecer en nuestras vidas. Sin embargo, los narcisistas tendrán un efecto perjudicial en nosotros. Lamentablemente, pasamos mucho tiempo pensando y esperando que cambien, pero la realidad es que nunca cambiarán. Tenemos que cambiar, redirigir el enfoque en nosotros mismos para salvarnos. Cortar a estas personas es cuando comienza su curación. Esa curación es un largo viaje, así que sé amable contigo mismo, porque tomó años reconocer lo que te sucedió. No es tu culpa.

Roto

Nos quedamos callados cuando él entra en la habitación. Siempre podemos saber cuándo está cerca; lo sentimos. Caminamos sobre cáscaras de huevo todos los días. ¿Por qué? Porque tememos lo que pueda hacer; hemos visto lo que ha hecho a los demás. Difunde rumores y mentiras. Tiene dos caras. Un día es una cara de falsa dulzura, y otro día es una cara de puro odio. Es una ira de emociones perturbadoras. Él te guía, sigue su camino y cuando te tiene en su red, te controla; te controla con sus palabras y sus amenazas. Él te controla de una manera que no es saludable y dañina. Sabemos esto y viviremos con miedo, paranoia y dolor. Nuestro dolor es profundo y confuso, y no estamos seguros de si estamos locos. Tal vez somos nosotros; tal vez dijimos eso, tal vez hicimos eso? Siempre es nuestra culpa; toda la justificación no significa nada; nuestra debilidad es que siempre estamos tratando de probarnos a nosotros mismos. Nos intimida todo el tiempo, y lo sabemos. Habla fuerte con un tono intimidante, pero en otras ocasiones es un idiota divagante; su locura es el caos. Nos grita y nos hace sentir pequeños y nos dice que somos personas inútiles ;" No sois nadie sin mí, por eso estáis aquí conmigo. No tienes valor para irte porque nunca lo encontrarás mejor que aquí."Nadie puede tocarlo ni enfrentarse a él, y él lo sabe. ¿Por qué tenemos miedo? Mentimos porque tenemos miedo y para protegernos unos a otros. ¿Por qué elegimos dejar que él nos menosprecie y degrade, y temerle? Él controla tantas vidas a través de mentiras, engaños y manipulación, y lo sabemos. ¿Pero por qué no corremos? Tenemos que correr tan rápido como podamos de este monstruo. Él ha creado a esta persona con superpoderes, el todopoderoso que lo sabe todo, y tristemente, nos inclinamos ante él. Él espera esto de nosotros. Él nos recuerda que no puede hacer el mal, él es mejor que nosotros y siempre será mejor que nosotros. Él nos destruirá. Es un superpoder de puro dolor, odio, envidia, celos y maldad.

"Al final, no odiamos; elegimos no temer más porque somos personas con un alma buena y elegimos amarnos a nosotros mismos."

Mi viaje y el viaje de mi cliente es de coraje y determinación. Creo que cuando uno esté listo, podrá decir lo mismo. Hasta entonces, continuarán trabajando a través de su dolor ,y un día (¡y ese día llegará!) serán liberados y vivirán una vida feliz.

"Sanado" consiste en muchas personas diferentes, diferentes momentos y diferentes relaciones en nuestras vidas, todas juntas. No es algo por lo que estar triste, es algo para abrazar, porque tener la capacidad de superarnos nos lleva a un lugar que las palabras no pueden describir. Es un lugar que perdona y ama.

Espero con interés escuchar de usted cuando llegue ese momento.

Curado

¿Por qué? Tenía miedo. Me hiciste daño. Me asustaste. Difundiste rumores. Alejaste a los demás de mí. Me escondí. Lloré. Me perdí. Vi el lado oscuro de la soledad. Vi el lado oscuro de la muerte. Quería huir. Huir tan lejos de todos. Quería esconderme. No podía esconderme. Quería que sintieras el dolor que yo sentía. Quería morir. ¿Por qué? ¿Por qué me hiciste daño? Tus palabras. Tus mentiras. Me dejaste sola. Mi alma se había ido. No tenía lucha para vivir. Estaba sola. Estaba en el infierno. Vivía el infierno cada día. ¿Alguna vez te preguntaste por mí? Perdí mi fuerza. Mis miedos se apoderaron de mi vida. Velaba con miedo. Dormía con miedo. Oía voces dentro de mi cabeza que me decían que no era nadie. A veces creía que no era nadie. Me decían una y otra vez que no significaba nada para nadie. Me lo creí. Me dijiste que estaba mejor muerta. ¿Por qué? ¿Por qué me hiciste daño? ¿Qué lección es ésta? ¿Qué crueldad es ésta?
Un día, decidí no dejarte ganar. Me encontré dentro de mí. Encontré mi valor. Encontré mi confianza. Encontré mi fuerza. Ya no creía que nadie me quería. Valoré mi vida. Me valoré a mí misma. No iba a derrotarte con palabras hirientes. Te derroté decidiendo no dejar que me hicieras daño con tus palabras ni con tus actos.
Tuve que mirar en mi interior y encontrar esto por mí misma. Y lo hice. Fue un viaje angustioso. Fue un viaje solitario. Tenía miedo. Dudaba de poder hacerlo. Encontré mi camino. Trabajé duro y encontré el amor que necesitaba. Ese amor era amarme a mí primero. Encontré mi voz. Me encontré a mí misma. Caminé sin miedo. Dormí sin miedo. Encontré el valor para volver a vivir. Mi corazón me dio la capacidad de luchar y superar mis luchas causadas por ti. Aprendí que yo lo permitía. No te temo. Siento pena por ti. A través de tu dolor, encontré mi fuerza.

Gracias por mis luchas.
Mi lucha me hizo quien soy hoy.
Yo soy mi vida.
Soy mi regalo.
Yo soy yo.
Soy un luchador.

Conciencia de Sí Mismo

Antes de comenzar este libro de trabajo, me gustaría que se tomara un tiempo y respondiera las preguntas en las páginas siguientes. Por favor, no lea el libro sin antes de responderlas.

Una vez que complete el libro, puede volver a estas preguntas y leer lo que escribió antes de comenzar: ¿Cómo respondería ahora? ¿Qué aprendió?

Describe cómo es el amor para ti:

¿Cómo es una relación tóxica para ti?

¿Cómo trabajas a través de los desafíos de relación?

¿Puedes ser tú mismo en tu(s) amistad(s) y relación (s)? ¿Por qué o por qué no?

¿Te obsesionas con la decepción, el dolor o las personas? ¿Qué sucede cuando esto sucede?

Cuando discutes con tu pareja, familia o amigos, ¿cómo ves el problema? ¿Lo ves como 'tú contra ellos' o ' tú y ellos contra el problema?'

Las personas pasan mucho tiempo preocupándose por lo que otras personas piensan de ellas y por su propia valía, ¿somos suficientes? Cuando las personas piensan así, pasan parte de su vida comparándose con los demás, complaciendo a las personas y probando. La única persona que puede dejar ir esto eres tú. Vergüenza de dirección:

Habla de ello. ¿Quién eres tú cuando sientes vergüenza?

¿Cómo te proteges?

¿Qué experiencias negativas parecen repetirse en tu vida?

¿De qué estás preocupado actualmente?

¿Qué evento(s) devastador y que cambia la vida ocurrió en su vida?

¿Quién es la persona a la que más lastimaste?

¿Cómo describirías la empatía?

¿Cómo describirías la manipulación y el gaslighting?

Describe lo que sabes sobre el Trastorno Narcisista de la Personalidad:

Describe lo que sabes sobre el Trastorno Límite de la Personalidad:

Describa lo que sabe sobre la Vinculación Emocional con el Trauma:

Describe lo que sabes sobre el Apego Ansioso:

Describe lo que sabes sobre el Apego Evitativo:

Describe lo que sabes sobre el Apego Evitativo Temeroso:

Describe lo que sabes sobre la Ansiedad Generalizada

Describir el Trastorno de Personalidad Dependiente:

Describe lo que sabes sobre los patrones de pensamiento irracionales:

Describe lo que sabes sobre las creencias centrales negativas:

¿Qué tan bien considera que está su salud mental?

Apareciendo por ti

Cada experiencia en la vida te da la oportunidad de aprender y superar sus desafíos: elegir diferentes caminos o elegir permanecer atrapado en pasados poco saludables. Tú decides cada día cómo vas a aparecer por ti mismo.

Sin sonar demasiado espiritual, cada uno de nosotros tiene una tarea aquí y podemos elegir cómo manejamos estas tareas. La tarea más importante que tenemos es aparecer. Una vez que decides aparecer, tus viejas historias y experiencias se convierten en el pasado, porque has tomado la decisión de estar en tu poder y cambiar tu vida.

Entonces, ¿cómo haces esto?

Paso 1. Eche un vistazo claro a su vida; identifique su trauma y sus miedos. Paso 2. Reconoce que si no trabajas en ti mismo, te quedarás atascado y continuarás con tus patrones. Paso 3. Sé amable contigo mismo; no encuentres fallas ni culpas. Estás aprendiendo a ser lo mejor que puedes ser. Paso 4. Aprende a ser dueño de tu papel en la vida. No puedes controlar lo que hacen los demás. Tú eres el único que puede mejorarlo. Paso 5. No te concentres en arreglar a la otra persona. Paso 6. Recuerde que encontrar fallas en los demás es trabajo para usted. No importa cómo alguien te trate y te hable, tú lo permites. Paso 7. Preséntate todos los días.

Comencemos a aprender sobre la toxicidad.

¿Qué es la Toxicidad?

La toxicidad es una relación que no es saludable y disfuncional. Además, es una relación que hace que una persona se sienta degradada, sin apoyo y / o atacada. La toxicidad puede existir en una persona o en ambas personas cuando reaccionan de manera muy dañina, sin consideración o respeto por los sentimientos de la otra persona. Estos comportamientos pueden ser perjudiciales para una o ambas personas.

¿Qué es una relación tóxica?

Una relación tóxica es una relación que es emocional o mentalmente dañina. Este tipo de relación se define por cualidades de dominación, sumisión, miedo y engaño.

Es posible que una relación tóxica no haya comenzado de esta manera. A menudo comienza feliz y solidario. Con el tiempo, a medida que la toxicidad ocurre lentamente, deja a la persona sintiéndose emocionalmente agotada y estresada.

Todos hemos visto personas tóxicas atraídas por personas razonables, y todos probablemente hemos tenido (o tenemos) al menos una persona en nuestras vidas que nos ha dañado y nos ha dejado preguntándonos: ¿qué hice? Además, algunas de estas personas son padres, hijos, familiares, amigos o compañeros de trabajo. El daño de las personas tóxicas puede ser sutil, desde pequeñas mentiras hasta el ajuste constante de sus propios comportamientos para evitar conflictos. Cuando esto sucede la mayor parte del tiempo, significa que son ellos y no tú.

Cada relación tiene días buenos y malos, pero cuando los días malos comienzan a superar en número a los buenos, es hora de observar más de cerca lo que está sucediendo o es hora de seguir adelante. Cuando una relación te hace cuestionar tus prioridades o te obliga a hacer cambios que hacen que comprometas tu individualidad, es un buen momento para dejarlo. Estar estresado debido a su relación puede afectar no solo su salud mental sino también su salud física. La incapacidad para dormir, la ansiedad y la sensación de irritabilidad con su pareja son signos adicionales de que debe considerar cuestionar por qué está atrapado y aún se queda.

En estas relaciones, el conflicto surge fácilmente y al menos una persona trata de minimizar los sentimientos y la perspectiva de la otra persona. Hay una falta de apoyo, abuso verbal y psicológico, y un comportamiento manipulador que deja a la otra persona mentalmente agotada.

Ser capaz de detectar estos comportamientos dañinos es el primer paso para aprender a minimizar el impacto que tienen en su vida. Es posible que aprender sobre las personas tóxicas no cambie lo que hacen, pero cambiará la forma en que lo hace y no permitirá que afecte su calidad de vida.

¿De dónde vienen los comportamientos tóxicos?

No hay una respuesta fácil a esta pregunta, ya que hay muchas causas diferentes. Se dice que estos comportamientos se aprenden en la infancia y se pueden experimentar en la edad adulta. Lo que sí sabemos es que cualquier persona puede exhibir comportamientos tóxicos. Los comportamientos tóxicos son parte de las personalidades, aprendidas en nuestro entorno y relaciones. Sin darnos cuenta, tendemos a "normalizar" estos comportamientos poco saludables, y la percepción de una persona se distorsiona y carece de comprensión de una relación saludable.

Las personas tóxicas tienden a derribar a los demás para aumentar su propia autoestima, aunque por lo general no son conscientes de esta necesidad inconsciente de lastimar a las personas en sus vidas. ¿Por qué? Porque no se sienten bien consigo mismos. Todos tenemos una persona tóxica en nuestra vida. A veces podemos manejar estas relaciones con un enfoque saludable y, a veces, sucumbimos a la toxicidad y nos encontramos atrapados en ella.

¿Atraigo a personas tóxicas?

¿Puedes relacionarte con lo siguiente?

Recientemente hiciste un nuevo amigo en una fiesta. Pensaste que las cosas iban bien y que esto podría ser una buena amistad. Bueno, estabas equivocado, y esta persona es en realidad una persona muy tóxica. Estaban criticando todo sobre tu vida; te encontraste sin expresar cómo te sentías por lo que pensabas que iban a decir.

Has estado saliendo con alguien durante diez meses. Te llevaste bien desde el principio y pensaste que eran amables, cariñosos,y un gran oyente y partidario cuando lo necesitabas. Estabas totalmente equivocado; esta persona era tóxica. Eran fanáticos del control: no escuchaban tus opiniones – hacían berrinches cuando estaban enojados y se volvían pasivo-agresivos cuando discutías.

Te preguntas: *"¿Cómo sucedió esto?"*Piensas para ti mismo," *¿Por qué atraigo a personas tóxicas? ¿Qué me pasa? ¿Transmito ciertas vibraciones o cualidades que las personas tóxicas buscan en sus víctimas?"*

Las personas tóxicas son parte de nuestras vidas. Comprender por qué alguien es tóxico y por qué se sienten atraídos el uno por el otro significa aprender sobre ciertos rasgos que poseen y eventos que pueden haber afectado su vida. Ahora, pensando en la pregunta" Atraigo a personas tóxicas", estoy seguro de que sabes tu respuesta. Dicho simplemente, si respondes "Sí", entonces la respuesta es Sí, algo anda mal. Atraes a personas tóxicas debido a ciertos rasgos que encuentran atractivos en ti. Debido a estos rasgos, necesita darse cuenta de sus comportamientos y acciones y aprender a desafiarlos para que pueda tomar y mantener su poder. Entonces, usted pregunta, ¿cuáles son estos rasgos? Menciono algunos en la sección sobre narcisistas. Una de las razones por las que las personas tóxicas se sienten atraídas por ti es por tu actitud positiva y una capacidad saludable para ver las perspectivas de los demás y tener un equilibrio saludable en la vida. Las personas tóxicas no solo están intrigadas por su tipo de persona, sino que también están amenazadas por su capacidad. Quieren victimizarte y controlarte para quitarte esos rasgos, lo que les da la capacidad de quitarte tu poder. Sí, bastante poderoso, estoy de acuerdo. Entonces, ¿cómo recuperas tu poder? Infórmate sobre las personas tóxicas y esfuérzate por aprender sobre ti y sobre cualquier rasgo tóxico que puedas tener. Y siempre enfócate en trabajar en ti mismo.

Ahora, si está listo para comenzar su viaje, sigamos adelante y aprendamos sobre las personas tóxicas y *usted*.

Banderas rojas

Si bien las relaciones tóxicas adquieren muchas banderas rojas diferentes, los signos comunes incluyen manipulación emocional, falta de respeto, abuso verbal y sentirse solo cuando están juntos. Solo tú puedes determinar si la relación es tóxica y amenazante para tu bienestar emocional, psicológico o físico. Los siguientes son algunos indicios de señales de alerta a tener en cuenta en una relación (esto también puede incluir relaciones con amigos, familiares y compañeros de trabajo):

Caminar sobre cáscaras de huevo: te encuentras caminando sobre cáscaras de huevo todo el tiempo por temor a molestar a tu pareja.

Siempre se trata de ellos: su relación siempre se trata de ellos; alabar, apoyar, escuchar y rara vez y / o nunca sobre usted.

Abandonas tus valores: para mantener la relación, abandonas tus intereses y amistades y comprometes tus propios valores.

Burlarse de ti: tu pareja se burla de tu sensibilidad, te insulta y se burla de tus defectos.

Drama constante: siempre sientes una sensación de angustia a su alrededor, ya que el caos y el drama parecen seguirlos.

Falta de límites: luchas por mantenerte emocional, mental o físicamente claro, ya que tu pareja sobrepasa todos los límites.

Ensimismamiento: su pareja siempre está en sus propios problemas, metas y deseos, sin un terreno mutuo entre ustedes.

Celoso de tus logros: tu pareja siente que necesita arrastrarte hacia abajo debido a tu éxito.

Siempre poniéndote de su lado: siempre sientes que necesitas estar de acuerdo con ellos para evitar repercusiones negativas.

Tu autoestima: te sientes indigno y sin valor mientras estás cerca de tu pareja.

Registro de anotaciones: su compañero mantiene las puntuaciones de todas sus irregularidades, y en lugar de pasar de esto, hay peleas y discusiones constantes.

Justificar el mal comportamiento: constantemente excusa o justifica la exhibición de comportamiento egoísta o desagradable de su pareja.

Desigualdad emocional: siempre sientes que debes hacer todo el trabajo emocional en la relación mientras tu pareja se presenta como inmadura, grosera, poco confiable o fría.

Falta de responsabilidad: su pareja tiene derecho y siente que no necesita ser responsable de sus errores o de su parte en la relación.

No puede decir lo que piensa: incapaz de expresar sus sentimientos, necesidades o pensamientos sin preocuparse por las consecuencias.

Roles definidos: se espera que se sigan los roles, y si no lo son, existe el temor de implicaciones en la relación.

Siempre de acuerdo: siempre está de acuerdo con su pareja para evitar conflictos.

Desprecio: hacer que se sienta inútil – indigno, vil y no respetado, mediante el uso de tonos negativos y condescendientes, incluido el sarcasmo y el enredo de ojos.

Se burlan de usted: se burlan de usted con insultos o insultos

Engaño: tu pareja carece de veracidad y reconoces que las mentiras siempre se cambian para hacerte parecer loco.

Siempre es tu culpa: tu pareja siempre te culpa de cualquier cosa y de todo lo que sale mal. Las situaciones se cambian para que las cosas que salen mal sean tu culpa.

Existen problemas de dominación: – control en la relación, lo que resulta en 'juegos' psicológicos emocionales.

Gaslighting: esta es una forma de manipulación que te hace cuestionar tu propia cordura. El Gaslighting consiste en que la otra persona insista en que algo que recuerdas nunca sucedió, te diga que estás delirando porque nunca dijo algo con lo que los confrontaste y te acuse de ser el único con problemas de control y/o problemas de ira.

Manipulación: esta es una forma de persuasión en la que la persona usa diferentes tácticas para obtener lo que quiere.

¿Puede funcionar una relación tóxica?

Muchas personas piensan que las relaciones tóxicas están condenadas al fracaso, pero ese no siempre es el caso. Si ambas personas quieren cambiar y reconocer sus roles en la relación, puede cambiar. Si una persona no invierte en crear una relación saludable, es probable que no suceda, y aquí es cuando la otra persona tiene que considerar su próximo paso.

Si la curación es posible, depende de las circunstancias de cada uno y de cuánto daño se hizo a una o ambas personas o a una familia. La curación de una relación tóxica solo puede ocurrir a través de una decisión consciente de esfuerzo para trabajar en ti mismo, y si tu amigo, pareja o familia hace lo mismo.

Señales de que alguien puede superar una relación tóxica con su pareja, familia o amigo:

Aceptar la responsabilidad
Cuando ambas personas saben que la relación tiene problemas y quieren trabajar juntos en esto. Ambas personas reconocerán el pasado, incluidos los comportamientos que dañaron la relación. Ambas personas tienen que aceptar su papel en la contribución a la toxicidad.

Ambos quieren invertir
Si ambas personas quieren invertir en el trabajo y el tiempo, eso es una indicación de que la relación puede cambiar para mejor. Tendrás que tomarte el tiempo para hablar sobre los problemas de la relación.

Eliminando la culpa
Ambas personas reflexionan sobre sus roles y se comprometen a trabajar para comprender por qué ocurrió el comportamiento de reacción. Ambas personas aprenden a aceptar sus propios roles sin buscar culpar a la otra persona.

Resista controlar a la otra persona
Evita tratar de controlar a la otra persona e influenciarla para que piense o se comporte de la manera que deseas.

Los juegos mentales y la manipulación tienen que parar
Muchas personas son culpables de esto. Cuando se trabaja en la reconstrucción de una relación, todos los juegos mentales, la iluminación con gas y la manipulación deben detenerse.

Buscar ayuda profesional
Está bien buscar ayuda. No todas las personas saben cómo trabajar a través de una relación. Buscar ayuda externa puede ser beneficioso.

Haga una lista de las relaciones tóxicas en su vida: pareja, familia, amigos y colegas. Describa cómo estas relaciones afectan(ed) su calidad de vida.

Sigamos adelante y aprendamos sobre personalidades tóxicas.

¿Qué es el Trastorno Narcisista de la Personalidad?

Has escuchado la palabra "narcisista" con tanta frecuencia que se ha convertido en una terminología popular en psicología y en las redes sociales. Muchos perciben el narcisismo para describir a personas que tienen egos inflados y solo están interesadas en sí mismas. Esto tiene algo de verdad, pero hay más que eso. Algunos narcisistas no siempre tienen egos inflados, pero un verdadero narcisista necesita admiración, patrones de grandiosidad, falta de empatía, arrogancia y envidia. Y para lanzarte una curva, hay una diferencia entre el Trastorno de Personalidad Narcisista y los rasgos de personalidad narcisistas. Alguien con rasgos de personalidad narcisistas cae en un espectro y tiene menos frecuencia, intensidad y duración. Alguien con rasgos de personalidad narcisista puede abordar su comportamiento cuando reconoce que no es saludable, pero alguien a quien se le diagnostica un Trastorno de Personalidad Narcisista no puede reconocer esto: se trata de una enfermedad mental. Entonces, ¿qué significa esto? No todos los narcisistas tienen un diagnóstico de trastorno de la personalidad.

Le recomiendo que se eduque sobre este diagnóstico como parte de su curación, para que pueda trabajar en su propia salud mental. El enfoque no está en educarte sobre el diagnóstico para que puedas cambiar al narcisista, se trata de educarte a ti mismo para que puedas eliminar la personalización (no tomar las cosas personalmente) y darte cuenta y aceptar que cambiar a la otra persona no es posible.

El Trastorno Narcisista de la Personalidad es un diagnóstico formal de salud mental que generalmente se diagnostica cuando alguien presenta cinco de los nueve síntomas del diagnóstico. Si una persona no presenta cinco síntomas y no afecta su calidad de vida o sus relaciones, es cuando los rasgos de narcisismo forman parte de la personalidad de alguien. Tener estos rasgos puede ocurrir en un espectro y, de hecho, puede ser saludable para las personas, ya que pueden brindar confianza para explorar la vida, asumir riesgos y tener relaciones

Ahora aprendamos sobre la diferencia entre el Trastorno de Personalidad Narcisista y los rasgos de personalidad narcisistas. Es importante saber esto porque muchas personas etiquetan a otras sin conocer la diferencia, y no se dan cuenta de que esta diferencia cambia el nivel de toxicidad de una relación. Alguien con narcisismo puede reconocer estas cualidades en sí mismo y, con terapia, puede reducir el impacto que tiene en sus vidas y en las vidas de quienes lo rodean. ¿Por qué es esto importante en una relación? Porque puede tener una mejor oportunidad de resolver los problemas que existen entre ustedes.

Trastorno Narcisista de la Personalidad
Vs.
El narcisismo como rasgo de personalidad

Trastorno narcisista de la Personalidad: un trastorno de salud mental diagnosticado

Sin empatía
Grandioso / sentido de derecho
Estados de ánimo y comportamientos fríos/calientes
Bomba de amor: "explotan" de afecto después de conocerte por poco tiempo Sentido inflado de sí mismo
Necesidad de admiración
Creen que son superiores a los demás
Tener poca consideración por los sentimientos de otras personas
Alienar a amigos y familiares
Deprimido
Un profundo sentimiento de vergüenza y humillación
Dirigirse a personas con tendencias codependientes

Los narcisistas son encantadores, confiados, matones, temerosos de la soledad, no tienen empatía, ni calidad de amistad. Curiosamente, los narcisistas tienen baja autoestima y pueden ser muy vulnerables a sus egos. Pueden ser humillados fácilmente y enojarse mucho. Además, son muy reacios a participar en tareas que pueden humillarlos.

Narcisismo: rasgos de personalidad, no es una enfermedad mental

Desagradable
Sentido de derecho
Egocéntrico
Gran ego
No siempre sientas vergüenza o remordimiento
Manipular a las personas para obtener lo que quieren
Poca o ninguna empatía

Estas personas no tienen conciencia de lo que hacen y tienen algo de empatía y amabilidad. No explotan a otras personas maliciosamente y no están absortos en sí mismos en todas las áreas de la vida.

La principal distinción entre el narcisista y el Trastorno de Personalidad Narcisista es que el narcisista no tiene una enfermedad mental.

Narcisistas y terapia
Los narcisistas rara vez buscan terapia, porque no quieren cambiar. Si un narcisista busca terapia, generalmente se ve obligado a hacerlo debido a una relación, sus hijos, empleo y / o mandato judicial. Incluso entonces, si asisten a terapia, un narcisista no se quedará allí.

Sin llegar a ser demasiado clínico, el Trastorno Narcisista de la Personalidad se presenta con los siguientes criterios:

Grandiosos: se sienten más importantes de lo que son, y su sentido de importancia suele ser desproporcionado con respecto a lo que realmente han logrado. Tienden a presumir y presumir de logros.

Explotar a los demás: se aprovechan de las personas que los rodean para obtener algo para sí mismos.

Sentido de derecho: necesitan un tratamiento especial. Esperan que las personas sepan lo especiales que son y sienten que las personas necesitan mostrarles el respeto que merecen.

Falta de empatía: son incapaces de comprender las necesidades emocionales de otras personas. Realmente no entienden los puntos de vista de los demás.

Preocupación por las fantasías: fantasean con su inteligencia, grandeza, poder o apariencia. Se compararán con alguien que tiene éxito.

Son superiores, sienten que son especiales y la persona más importante en la sala. Sienten que solo pueden asociarse con personas tan importantes como ellos.

Admiración excesiva: necesitan presumir para que los demás los elogien y admiren. Esta necesidad alimenta sus sentimientos de que son especiales.

Envidia de los demás: creen que las personas sienten envidia de ellos porque son muy especiales y sienten envidia de las personas que tienen más que ellos.

Arrogantes: pueden ser muy condescendientes; hablan con desprecio a la gente.

Solo hay un diagnóstico oficial de NPD, pero se han diagnosticado cinco tipos diferentes identificado:

Narcisismo manifiesto: también conocido como "presentación grandiosa"."La gente confunde esto con el Trastorno Narcisista de la Personalidad cuando la persona tiende a ser extrovertida, con derechos, arrogante, dominante, extrovertida, competitiva y tiene un sentido exagerado de sí misma.

Narcisismo encubierto - también conocido como ' narcisismo vulnerable."Esta persona no encaja en el patrón de un narcisista, pero algunos de los rasgos comunes incluyen ser introvertido, experimentar alta ansiedad, vergüenza y depresión; ser inseguro, defensivo, evitativo y altamente sensible; tener una necesidad de tranquilidad constante; tender a desempeñar un papel de víctima y tener baja autoestima.

Narcisismo antagonista: un subtipo de narcisismo manifiesto. Son arrogantes, se aprovechan de los demás, compiten continuamente con los demás y son propensos a discutir. Se centran en la rivalidad y la competencia. Es menos probable que perdonen y tienen niveles más bajos de confianza en los demás.

Narcisismo comunitario: cuidar sin sinceridad en un esfuerzo por atraer la atención en un entorno comunitario, como participar en eventos, deportes y organizaciones benéficas, y mostrar preocupación por las necesidades sociales.

Narcisismo maligno: agresión agresiva, paranoica, egocéntrica y potencialmente más abusiva. (NPD más extremo)

Efectos del narcisismo en las relaciones

Los efectos del abuso emocional y el abuso narcisista pueden variar según la duración de la relación y pueden ser de leves a graves. Algunas personas pueden curarse de este abuso, mientras que otras pueden verse afectadas durante años. Una vez que has dejado una relación, o has sido descartado por alguien con Trastorno Narcisista de la Personalidad, se necesitan aproximadamente dos años para sanar del abuso después de que hayas dejado la relación.

Los siguientes son los efectos de este abuso:

Estrés postraumático: una persona puede desencadenarse debido a eventos pasados, hipervigilancia y necesidad de estar en guardia.

Síntomas emocionales: una persona puede experimentar irritabilidad, sentirse sin emociones, personalización (tomar todo personalmente) y cambios de humor.

Ciclos repetidos: se puede persuadir fácilmente a una persona para que se mantenga en contacto con la persona tóxica.

Ansiedad: Uno puede experimentar miedo y ansiedad sobre relaciones futuras y experimentar ataques de pánico y ataques de ansiedad. Una persona también puede experimentar ansiedad por separación.

Depresión: Una persona puede desarrollar depresión, aislarse y luchar con sentimientos de inutilidad.

Sentido de autoestima: la autoestima de una persona está dañada. Pueden tener dificultades para tomar decisiones, tener problemas de confianza y dudar de sí mismos.

Perdonarse a sí mismo: una persona puede sentir que merecía el tratamiento en la relación y que hay algo mal con ella. La autoestima también es una batalla, ya que las personas pueden sentir que deberían haber sido mejores personas.

Yo futuro: Las metas y los sueños de una persona pueden parecer inalcanzables porque la dificultad de concentrarse en una mentalidad saludable es un desafío.

Síntomas físicos: una persona puede experimentar dolores de estómago, dolores de cabeza, pesadillas, dificultad para dormir, dolores corporales y estrés.

Síntomas cognitivos: una persona puede tener pérdida de memoria y dificultad para concentrarse.

Comportamientos comunes del narcisista:

- Los narcisistas tienen vidas secretas.
- Los narcisistas mienten.
- Te culpan de todo.
- Arruinan la mayoría de las vacaciones, viajes y eventos.
- Pisotean tus límites.
- No puedes salvar a un narcisista. No puedes hacer que quieran ser una mejor persona, porque no ven nada malo en la forma en que tratan a las personas. Te pierdes tratando de hacer que cambien.
- Los narcisistas tratan cada relación de manera diferente: te tratarán de manera diferente según lo que necesiten de ti. La persona presente con la que están recibirá la mayor atención; este es el suministro principal.Las personas con las que estuvieron en relaciones pasadas son el suministro secundario y el narcisista se acercará a estas personas si la persona principal no les está dando todo lo que necesitan. Recuerde, los suministros son objetos para ellos. El suministro principal siempre estará en su vida.
- Estarán en una nueva relación antes de que terminen la relación contigo. Se van antes de que decidas dejarlos cuando se den cuenta de que tienes el control de ti. Tienen que ser los ganadores y dejarte a ti primero.
- No quieren escuchar cómo su comportamiento te impactó. Te criticarán por la forma en que entregaste el mensaje. Lo hacen porque si te escuchan, tendrán que asumir la responsabilidad y cambiar su comportamiento.
- El Gaslighting es hacerte dudar de ti mismo, dudar de tu realidad y de tu percepción.
- El mayor temor de los narcisistas es estar expuestos a los demás. Temen que su falso yo quede expuesto y que la gente los vea por lo que realmente son.
- Los narcisistas te castigarán retirando su afecto y chantajeándote con "Nunca estás aquí para mí cuando te necesito."
- "Nunca me diste aprecio."
- Mantienen hojas de puntuación mentales de lo que han hecho por ti en comparación con lo que tú has hecho por ellos.
- No tener contacto con un narcisista es como cortar el suministro de sangre a su corazón. Es posible que lo persigan porque necesitan recuperar el control sobre usted.
- Enviarán mensajes de texto con "Sé que probablemente soy la última persona de la que quieres saber..." Esto es abusivo, atrapándote en la manipulación.

Cómo un narcisista termina las relaciones

¿Cómo terminan las relaciones los narcisistas? Primero, ya están en otra relación antes de comenzar el proceso de romper contigo. Sí, siempre hay un suministro secundario de personas en su vida: no se deshacen de las personas en su vida en caso de que las necesiten de vuelta. Su enfoque común es cambiar el final de la relación para que parezca que es tu culpa, por lo que no se responsabilizan de terminar la relación por la forma en que los trataste.

Un narcisista termina una relación cuando:

Te has vuelto difícil de controlar
No alimentas su ego
No encajas en su narrativa de lo que necesitan
Están listos para pasar a una mejor disfunción

Un narcisista puede causar cualquiera de los siguientes:

Abuso reactivo: Cuando una persona abusada arremete contra el abusador en respuesta a una situación que está ocurriendo para echarle la culpa a ellos. Esta es una forma de manipulación por parte del abusador que lo acusará de ser el abusador debido a su reacción exagerada. Durante un período de tiempo, esto hace que la persona abusada se pregunte si, de hecho, es su culpa. Recuerde, los abusadores son maestros manipuladores.

Flip narcisista - Una forma de Gaslighting. Esto es cuando un narcisista le da la vuelta al guión durante una situación tóxica. Esto ocurre cuando haces un punto válido durante una situación y la defensa del narcisista es darle la vuelta a esto para que seas tú quien se disculpe y sienta pena por estar equivocado.

Descarte inverso: Cuando un narcisista quiere terminar una relación contigo, necesita que parezcas el culpable. Con esta táctica, el narcisista te trata tan mal que terminas siendo tú quien rompe con él. La razón por la que hacen esto es porque los hace aparecer como la víctima y tienen una buena razón para seguir adelante tan rápido. Esta táctica permite que los demás vean al narcisista como el que fue abusado.

Reconocer patrones

En esta sección, pensarás en las relaciones en tu vida e identificarás a las personas en tu vida con las que puedes tener una relación narcisista. Lea cada bandera roja y piense en una o más situaciones y cómo se siente (sintió) cuando está en presencia de esta persona y marque la casilla correspondiente.

También puede escribir los nombres de estas personas y su relación con ellas (pareja, familia, amigo, compañero de trabajo) y reflexionar sobre una situación pasada o presente, describiendo cómo se sintió. Hacer este ejercicio le ayudará a reconocer comportamientos y patrones. He dejado espacio en los cuadros para que escribas sobre sentimientos, describas experiencias y anotes cualquier patrón que comiences a encontrar.

Señales de alerta en una relación narcisista	Su socio	Familia	Amigo
Caminando sobre cáscaras de huevo			
Siempre se trata de ellos			
Te deshaces de tus valores			
Se burlan de ti			
Drama constante			
Falta de límites			
Ensimismamiento			
Celoso de tus logros			
Siempre tomando su lado			
Tu autoestima			
Llevar la cuenta contigo - Llevar la cuenta con el			
Justificar el mal comportamiento			

Señales de alerta en una relación narcisista	Su socio	Familia	Amigo
Desigualdad emocional			
Falta de responsabilidad			
No puedes decir lo que piensas			
Roles definidos			
Siempre de acuerdo			
Desprecio			
Se burlan de ti			
Engaño			
Dominación			
Gaslighting			
Manipulación			

Cuidado personal con un narcisista

¿Cómo puedes trabajar con alguien que tiene tendencias narcisistas? Como saben, intentarán mantener una ventaja y son muy resistentes a cualquier cambio. Recuerda, no puedes arreglar a una persona que tiene un Trastorno Narcisista de la Personalidad. La atención se centra en ti para que aprendas a no quedar atrapado en su manipulación y caos. Una de las formas más efectivas de recuperar su poder y salud mental es establecer límites muy claros y definidos. No puedo enfatizar esto lo suficiente, porque si no lo hace, permanecerá atrapado en esta situación y será propenso a permanecer atrapado en futuras situaciones poco saludables.

1. Educar, educar, educar: Esto es muy importante porque pasarás tiempo tratando de arreglar a un narcisista, esperando que cambie, encontrando fallas en ti mismo por no poder cambiarlos e ignorando el hecho: ¡no se pueden cambiar! Esto es esencial para su curación y crecimiento porque su objetivo es llegar a aceptarlos por lo que son y dejar de verlos como alguien que no es narcisista. No confundas a una persona que es narcisista con una persona que no lo es.

2. **Trabaja en ti mismo**: trabaja en tus límites, habilidades de comunicación y continúa construyendo tu autoestima. Esto te ayudará a lidiar con los comportamientos de un narcisista. Tu salud mental es importante, ya que la manipulación te hará tropezar y te impedirá desarrollar tu autoestima.

3. **Tenga voz**: no siempre se aleje y deje que lo menosprecien e intimiden. Si los ignoras todo el tiempo, esto hará que sea más difícil para ti tener voz. Puedes decidir cuándo tener una voz es valioso para ti para usarla para hablar o decidir cuándo no es importante para ti. Hable sus palabras con claridad y sepa cómo no alimentar su caos.

4. **LÍMITES: Establezca límites sobre cualquier comportamiento que sea hiriente e inaceptable para usted y comuníqueselos muy claramente a la persona. Dado que los límites generalmente no se respetan, será un desafío lograr que respeten los tuyos. Usar límites como ultimátum no funciona con ellos porque no les importa, por lo que es su responsabilidad asegurarse de que lo tomen en serio por su propia salud mental.**

5. **Sistema de terapia / apoyo**: un narcisista puede agotarlo. Busca un sistema de apoyo o un terapeuta. La terapia le enseñará herramientas, le proporcionará habilidades y lo educará de maneras que lo ayudarán a navegar esta relación.

El siguiente tipo de personalidad tóxica que se discutirá será el Trastorno Límite de la Personalidad.

Trastorno Límite de la Personalidad

¿Qué es el Trastorno Límite de la Personalidad?

Este es un tipo de trastorno de la personalidad en el que los síntomas de la persona pueden hacer que presente comportamientos impulsivos que se conviertan en relaciones desafiantes con parejas, familiares, amigos y compañeros de trabajo.

¿Qué causa el Trastorno Límite de la Personalidad?

Los investigadores no están exactamente seguros de la causa, pero la investigación afirma que proviene de predisposiciones genéticas combinadas con factores ambientales. El riesgo de una persona de factores ambientales aumenta cuando los efectos de una infancia traumática están presentes en una familia disfuncional: trauma por abuso, abuso sexual, intimidación y otros eventos traumáticos en la infancia. Estas personas no tenían un apego seguro en la primera infancia y, como adultos, no tienen un fuerte sentido de sí mismos o de identidad. Viven con el temor constante de que la gente los abandone.

Los síntomas y signos de la Personalidad Límite incluyen:

Autolesiones-corte
Relaciones intensas e inestables
Miedo al abandono; incluye apresurarse a entablar relaciones
Autoimagen distorsionada
Comportamientos impulsivos: gastos excesivos, conducción imprudente, sexo inseguro, atracones de alcohol o comida
Sensación de vacío
Dificultad para confiar en los demás
Problemas de ira
Disociación
Cambios intensos de humor
Pensamientos o amenazas suicidas

Relaciones límite de personalidad

Las relaciones requieren trabajo, y algunas pueden necesitar un poco más de trabajo que otras. Si estás en una relación con un límite, se recomienda que aprendas sobre este diagnóstico para comprender el estrés adicional que agregará a la relación. Es mejor ser educado, para ahorrarles a ambos la angustia que resultaría de cualquier vacilación en hacer el trabajo de aprender sobre ello.

Relaciones con una persona límite

Las relaciones románticas con un Límite tendrán sus propios desafíos debido a los cambios constantes en las emociones del Límite que su pareja soportará. Los Límites tienden a tener relaciones caóticas tanto platónica como románticamente. Tienden a tener una autoimagen negativa constante y pueden participar en comportamientos de autolesión, tener cambios de humor severos y tomar decisiones impulsivas. El miedo límite al abandono por parte de sus parejas crea desconfianza en las relaciones y se necesita mucho trabajo para que sus parejas crean su verdadero amor por ellas. Los Límites son hipersensibles a los estados de ánimo y sentimientos de otras personas: pueden sentir el cambio más sutil en los demás , lo que puede llevar a un drama intenso y ataques verbales y físicos. Estas relaciones pueden causar la sensación de asfixia y la necesidad percibida de justificarse continuamente hasta el Límite.

Varios desafíos en estas relaciones incluyen:

Cambios severos en la autoimagen de digno a inútil
Extremadamente cariñoso y en cuestión de horas el extremo opuesto
Las emociones y reacciones pueden cambiar a diario
Pensamiento/visión de los demás en blanco y negro
Comportamiento impulsivo, de riesgo, juegos de azar, relaciones sexuales sin protección, abuso de drogas y alcohol
Ira, ansiedad y depresión intensas
Los episodios pueden durar varias horas o varios días
Son comunes los accidentes propensos y las amenazas de suicidio
Dificultad para ver la perspectiva de los demás
El miedo abrumador al abandono y al rechazo
Autolesiones e intentos de suicidio
Las experiencias positivas pueden durar varios días, al igual que las malas experiencias también pueden durar varios días

Se pueden disfrutar momentos fáciles y relajados, aunque escasos, pero la montaña rusa emocional puede ser difícil, ya que las cosas más pequeñas pueden hacer que sus sentimientos crezcan en espiral. El hecho de que alguien esté en el límite no significa que una relación no pueda funcionar. La educación es un factor importante para trabajar con estas relaciones; pueden ser duraderas. Al mismo tiempo, un límite puede ser excepcionalmente cariñoso y compasivo, y para una pareja, esta puede ser una razón para hacer que la relación funcione. Desafortunadamente, el trabajo y el tiempo no siempre resuelven estos temores y, sin tratamiento, pueden aumentar en intensidad.

Relaciones con un hombre límite

Los signos del Trastorno Límite de la Personalidad (TLP) en los hombres no siempre son los mismos que los signos en las mujeres. Los hombres que tienen TLP no siempre lo sabrán. Los hombres con TLP tienen más probabilidades de mostrar mucha ira que las mujeres con TLP. También es más probable que sean paranoicos, pasivo-agresivos, narcisistas y sádicos.

En los hombres de la primera infancia, el TLP a menudo se confunde con:
Trastorno Negativista Desafiante
Trastorno por Déficit de Atención
Trastorno Explosivo Intermitente
Trastorno de Conducta
Trastorno Bipolar

Hombres con TLP:

Puede expresarlo a través del abuso de sustancias o adicciones al sexo, las compras o el juego.

Puede salir con muchas mujeres al mismo tiempo mientras se niega a comprometerse con cualquiera de sus parejas por temor al abandono.

Pueden asustar a sus amantes con comportamientos agresivos, celos extremos y mal genio.

Puede comenzar a rechazar todas las relaciones, incluidas las amistades.

Culpar: trasladar los sentimientos de fracaso, desaprobación, culpa y deficiencia a otras personas a las que responsabilizan.

Pueden tener dificultades para aceptar la responsabilidad si tienen la culpa, sin saber cómo lidiar con sus sentimientos de culpa.

Puede ser emocionalmente sensible, percibir casi todo como ataques personales, y sentirse criticado por cualquier comentario que se haga sobre ellos.

Muchos hombres se inclinan a compensar la falta de control que sienten al intentar controlar todas sus relaciones adultas.

Pueden hacer amenazas extremas para demostrar sus sentimientos, como amenazar a una pareja con una aventura o actuar sexualmente con otras personas para llamar la atención.

Algunos hombres pueden tener dificultades para aceptar los límites.

Los hombres que viven con TLP tienden a recibir diferentes tipos de tratamiento terapéutico.

Reconocer patrones

En esta sección, pensará en las relaciones en su vida e identificará a las personas en su vida con las que puede tener una relación límite. Lea cada bandera roja y piense en una o más situaciones y cómo se siente (sintió) cuando está en presencia de esta persona y marque la casilla correspondiente.

También puede escribir los nombres de estas personas y su relación con ellas (pareja, familia, amigo, compañero de trabajo) y reflexionar sobre una situación pasada o presente, describiendo cómo se sintió. Hacer este ejercicio le ayudará a reconocer comportamientos y patrones. He dejado espacio en los cuadros para que escribas sobre sentimientos, describas experiencias y anotes cualquier patrón que comiences a encontrar.

Señales de alerta en una relación límite	Su socio	Familia	Amigo
Miedo intenso al abandono			
Comportamiento Impulsivo			
Relaciones Inestables			
Autolesiones			
Cambios Rápidos en la Identidad Propia			
Cambios de Humor			
Sensación Crónica de Vacío			
Ira Intensa			
Paranoia y Pérdida con la Realidad			

Señales de alerta en una relación límite	Su socio	Familia	Amigo
Compartir en Exceso			
Dramático			
Victimismo / Simpatía			
Obsesión y Falta de Límites			
División (pensamiento en blanco y negro): este es un mecanismo de defensa en el que la persona piensa en extremos (algo es todo bueno o todo malo)			
Dificultad Para Regular las Emociones			
Relaciones numerosas y frecuentes, a menudo muy juntas			
Manipular a los seres queridos con amenazas o intentos de suicidio			

Cuidado personal con un límite

Las parejas, los familiares y los amigos a menudo se sienten agotados por el límite en su vida. Muchas personas expresarán sentimientos negativos hacia ellos y se sentirán avergonzadas por su comportamiento. Una persona casada con un límite tiene sentimientos de discordia matrimonial, humillación y tensión financiera. Muchas personas evitarán las reuniones de pareja, familiares y amigos porque no saben qué esperar. Además, un límite competirá con su patrón de familia, amigos y compañeros de trabajo y esto lleva a que otros no quieran mantener las relaciones. Límites también triangulará a las personas en una discusión para unirse a una persona. Enfrentan a una persona contra otras, lo cual es muy destructivo y aleja a las personas de sus vidas.

¿Cómo lidia alguien y trabaja con un límite? Estableciendo límites claros y definidos, comunicación efectiva y seguimiento constante. Los Límites tienen dificultades para comprender los límites de otras personas. Empujarán los límites, ya que ven los límites como una forma de rechazo. Depende de usted mantenerse firme porque es muy fácil volver a caer en viejos patrones.

Haga de su salud mental una prioridad: sus necesidades no son egoístas; son importantes y necesarias para mantener la normalidad y la estructura. **Hable sobre los límites**: Antes de establecer límites, hable con la persona y hágale saber lo que necesita y por qué necesita establecer límites saludables. **Establecer límites**: determine cuáles serán los límites. Deben ser claros. Piense en sus valores y en cómo estos límites lo protegerán. **Decida el seguimiento cuando no se cumplan los límites**: esto es importante porque si no se respetan los límites, los límites establecidos no se tomarán en serio. Los límites deben ser consistentes.
Prepárese para la reacción violenta: El Límite puede sentirse avergonzado y enojado debido a los límites que existen. Entonces actuarán contra ti porque esto será visto como una falta de respeto hacia ellos.

No participes en el caos.
No participes en la triangulación que crean.

Eventualmente, los límites que se establecen deben ser consistentes, y cuando se desafían, uno debe usar el seguimiento que se discutió con ellos. El seguimiento es extremadamente importante porque con el tiempo comprenderán lo que usted establece y, si quieren estar en su vida, respetarán los límites acordados por ambas partes. Sí, esto puede verse como forzar a un Límite a respetar los límites, porque esta es la única forma en que los respetarán.

Diferencias y Similitudes Clave entre estos Diagnósticos

Diferencias:

Trastorno Narcisista de la Personalidad	Trastorno Límite de la Personalidad
Un individuo tiene un sentido de autoestima significativamente inflado. Carecen de empatía, tienen una actitud arrogante, son envidiosos y explotan a otras personas.	El individuo exhibe un comportamiento imprudente e impulsivo, estados de ánimo inestables y relaciones. **Sufre BREVES** cambios de humor psicóticos.

Similitudes:

La necesidad de validación y atención
El mundo gira en torno a ellos
Se desconectará de la realidad
Tendrá relaciones inestables
Ignoran cómo sus palabras y sus acciones afectan a los demás Pensamiento rígido, pensamiento de todo o nada
Siente mucha vergüenza
Fácilmente sensible a la humillación y la crítica
Pasivo-agresivo y furioso

Estas personalidades tienden a sentirse atraídas entre sí porque representan su propio drama individual al satisfacer sus propias necesidades. Además, un narcisista puede tener tendencias límite y un límite puede tener tendencias narcisistas.

¿Has estado (o estás) en una relación con un narcisista? ¿Cuándo reconociste esto? ¿Sigues en la relación o te has ido?

¿Ha estado (o está) en una relación con un límite? ¿Cuándo reconociste esto? ¿Sigues en la relación o te has ido?

Antes de comenzar la siguiente sección, quiero cubrir algunos efectos comunes en los niños que crecen en hogares narcisistas y limítrofes. Esto le ayudará a aprender más sobre sí mismo antes de comenzar a reflexionar y tener una mejor comprensión de su vida, elecciones, sentimientos y comportamientos que se desarrollaron en su infancia.

Las relaciones con nuestros padres se encuentran entre los lazos más especiales y fuertes que tenemos en nuestras vidas. Los niños que crecen en hogares narcisistas y / o limítrofes se enfrentan a algunos desafíos similares y diferentes en la infancia que podrían afectar sus vidas en la edad adulta.

Tus propios estilos de apego están influenciados por lo cariñosos y cariñosos que son tus padres. Sin un apego saludable en la infancia, existe una tendencia a crear un desorden emocional en la edad adulta que afecta las relaciones adultas. Desafortunadamente, e inconscientemente, estos niños buscan relaciones como adultos que son de naturaleza tóxica, ya sea romántica o profesionalmente. Por lo tanto, los niños de una infancia tóxica continúan el ciclo de toxicidad, manipulación y sufrimiento con sus propios hijos.

"No tengas miedo de empezar de nuevo. Esta vez no estás empezando de cero, estás empezando desde la experiencia."
-- Desconocido

Crecer con un padre narcisista (o padres)

Los hijos de padres narcisistas pueden experimentar un crecimiento con baja autoestima debido a la posesividad de los padres sobre la independencia en desarrollo de sus hijos. Ser criado en un hogar con un narcisista puede afectar la salud mental de un niño, y esos niños pueden desarrollar rasgos de personalidad narcisista. Es probable que los niños estén inseguros con sus padres debido a la falta de confianza en ellos. Un niño experimenta negligencia y manipulación por parte de un padre narcisista, y esto lleva a problemas de confianza en la edad adulta.

Los rasgos comunes de un padre con Trastorno Narcisista de la Personalidad incluyen:

- Vivir la vida de su hijo. La expectativa de los padres de su hijo es el cumplimiento de sus propias necesidades y sueños egoístas.
- **Marginar a sus hijos**. Un padre puede sentirse amenazado por su hijo y desafiar a sus hijos menospreciándolos, juzgándolos, criticándolos, comparándolos y disminuyendo el éxito de un niño para que el padre pueda ser superior a su hijo.
- **Imagen grandiosa de sí mismos**. Un padre ve a sus hijos como un objeto, no como seres humanos, debido al sentido inflado de sí mismo del padre narcisista.
- **Presumiendo.** Los padres narcisistas disfrutan mostrando lo especiales que son al hacer alarde de su apariencia, posesiones, logros e incluso de sus hijos.
- **Manipulación.** Los padres narcisistas manipulan a sus hijos con:
    Culpar: es culpa del niño cuando un padre no está contento
    Culpa: cuando se hace sentir a un niño que es ingrato
    Vergüenza: cuando un niño hace algo que no es perfecto, es una vergüenza
    Coerción/presión emocional: presionar a un niño para que haga lo mejor que pueda para que el padre se sienta orgulloso de él.
    Decirle al niño que tiene que hacer lo que el padre quiere o no lo suficientemente bueno
    Recompensa y castigo
    Compararlos con otros niños
- **Rigidez**. Los padres narcisistas son rígidos y no pueden soportar cuando el comportamiento de un niño no cumple con sus expectativas
- **Falta de empatía**. Los padres narcisistas no tienen la capacidad de ser empáticos con los pensamientos y sentimientos de sus hijos o de validarlos. Solo importa lo que el padre piense y sienta.
- **Dependencia**. Los padres narcisistas esperan que sus hijos los cuiden y dependen de sus hijos para mantenerlos emocional, financiera y / o físicamente. Esta expectativa se expresa a través de la manipulación, no de una manera saludable de que los niños cuiden de sus padres.
- **Celos**. Los padres narcisistas pueden estar celosos del éxito, la independencia, la madurez, la carrera y la apariencia de sus hijos. Un padre culpará a un niño para que sienta que lo está lastimando y/o que no se preocupa por él porque no le está dando prioridad al padre.
- **Negligencia**. Un padre narcisista puede descuidar a sus hijos. El padre puede enfocarse en su propia vida y no ser parte de la de su hijo, pero puede enfocarse en su carrera, intereses y vida social excluyendo la vida y los intereses de su hijo.

Efectos que las madres narcisistas tienen en sus hijos

La madre narcisista se trata de ella y cree que tiene derecho a eso. Es increíblemente ensimismada. Una madre narcisista puede sentirse con derecho o importante, cree que está por encima de los demás, explota a sus hijos, menosprecia a los demás, experimenta hipersensibilidad a las críticas, cree que merece un tratamiento especial y, lo peor de todo, tal vez ingenua ante el daño que está causando.

Una madre narcisista:

Piensa que es una regla para ella y otra regla para todos los demás
No respeta los límites de sus hijos
Carece de empatía (o parece activar y desactivar la empatía)
Aparentemente compite con sus hijos
Enciende gas a sus hijos
Solo trata bien a sus hijos en público
A menudo se presenta como la víctima
Se aprovecha de los demás

Ella está en una pequeña rivalidad con sus propios hijos. Si un niño eclipsa a su madre en sus talentos o apariencias, se pondrá celoso y encontrará formas de menospreciarlo o destruirlo. Mamá encenderá a gas a sus hijos hasta el punto de que ya no confíen en sí mismos y se vuelvan dependientes de su versión de la realidad.

A los niños se les dirá que son demasiado sensibles, locos o algún otro nombre despectivo.

Es común que una madre narcisista le dé regalos dañados a sus hijos, para enseñarles que son indignos y dañados. Al hacer esto, un niño está entrenado para pensar que el daño debe haber sido un accidente porque su madre nunca haría eso; mientras tanto, la madre disfruta ver al niño retorcerse y ser amable con ella.

Las madres a veces entrenan a sus hijos para que jueguen enfermos (**Münchausen emocional por poder**) en forma de miedos,o incluso haciéndolos lastimarse. Para hacer esto, la madre le presta atención al niño cuando el niño cumple este rol. Esto le enseña al niño que es débil y no digno, lo que sádicamente hace que la madre se sienta más poderosa y necesitada.

La madre narcisista trata a sus hijos como una extensión de sí misma: su hijo no es su propia persona. El niño se convierte en su trofeo, y cuando lo hacen bien, es un reflejo de su trabajo para criarlos. Nunca dejará de traerlo de vuelta a ella, además de dramatizarlo todo.
Mientras el niño se alinee con lo que enorgullece a la madre, es bueno, y si no se alinea, no se acepta.

Juega con los niños unos contra otros. Cuando una madre narcisista elige a un "niño de oro" que no puede hacer nada malo, también crea un niño chivo expiatorio y, a veces, un niño descuidado. Triangulará a los niños unos contra otros, manteniendo a todos en su lugar y enseñándoles que necesitan trabajar para llamar la atención o que no lo merecen en absoluto. Algunas madres rotan esos roles entre sus hijos, o pueden jugar con su hijo contra un primo, familia y/o amigo.

Efectos que los padres narcisistas tienen en sus hijas

Las hijas no se dan cuenta de que el comportamiento de su padre fue abusivo hasta mucho después de que haya tenido un efecto tóxico. Para cuando ella entiende que había algo mal con su padre, el daño ya está hecho.

Los padres narcisistas

Invalidar a sus hijas
Usa la triangulación para controlarlos
Retirar su amor
Enviar un mensaje a su hija de "Nunca eres suficiente"
Condicionan a sus hijas al abuso interpersonal
Roban a sus hijas la confianza en sí mismas
Hacer que sus hijas anhelen la atención masculina
Socavar el sentido de identidad en desarrollo de su hija
Enseñe a sus hijas que no tienen límites
Hacer caso omiso de las necesidades de su hija
Devalúan a sus hijas
Explotar el talento de su hija\
Enseñan a sus hijas la indefensión aprendida
Valorar la belleza externa
Crear relaciones codependientes

Efectos que los padres narcisistas tienen en sus hijos

Los hijos de padres narcisistas son impulsados por la falta de confianza, y sienten que nunca podrán estar a la altura o que son suficientes para obtener la aprobación de su padre. Su padre puede ser crítico y controlador y puede menospreciar y avergonzar los errores, la vulnerabilidad y los fracasos de su hijo, y sin embargo presumir de él ante sus amigos. Un padre narcisista puede intimidar o competir con su hijo en juegos y actividades. De manera similar, el padre puede estar celoso de la atención de su esposa hacia su hijo y competir con él, y coquetear con sus novias o esposa.

Como adulto, un hijo puede tener problemas con:
Autoridad
No manejar bien la ira ("problemas de ira")
Conductas pasivas agresivas
Sufriendo de vergüenza
Sufrir de ansieda
Baja autoestima
Sufrir de codependencia
Sentirse indigno de amor
Encontrar parejas que no estén emocionalmente disponibles
Falta de cercanía emocional
Soledad
Ser impulsado a validar su autoestima
Presión constante para lucir perfecta

Efectos de ser criado por un padre límite

Los niños que tienen uno o más padres con Límite generalmente experimentan una infancia caótica y abusiva. Muchos niños sienten que siempre están caminando sobre cáscaras de huevo porque no pueden predecir el estado de ánimo de sus padres.

Los efectos de esto en la primera infancia afectan el estilo de apego del niño. Estos niños tienden a tener apegos inseguros porque los padres con TLP no perciben los signos emocionales y físicos de sus hijos. Como resultado de esto, los niños crecen sintiéndose inseguros, protegidos y / o necesitados.

Los rasgos comunes de un padre con Límite incluyen:

- Buscar la aprobación constante de sus hijos y otros miembros de la familia
- Presentarse como malhumorado o deprimido si las cosas no salen como deberían
- Abuso de drogas, alcohol u otros vicios compulsivos
- Autolesiones y / o intentos de suicidio repetidos
- Un patrón crónico de amistades adultas inestables o relaciones románticas
- Alternar entre los extremos de "odiar" y "amar" a ciertas personas
- Hacer que los niños sientan que necesitan "criar" a sus padres
- Hacer que sus hijos sientan que nunca pueden ser "lo suficientemente buenos" para sus padres
- Arremetiendo con ira
- Temores continuos de abandono
- Paranoia y desconfianza hacia otras personas

Los hijos de padres limítrofes corren un mayor riesgo de:

Exhibir dificultades de atención
Comportamiento agresivo y baja autoestima
Depresión mayor, ansiedad y Trastorno Límite de la Personalidad en sí Incapacidad para confiar en sus padres, que tienden a tener dificultades para confiar en los demás
Crecer sintiéndose inseguros y avergonzados de sí mismos
Habilidades de relación deficientes
Estar tan acostumbrados a cuidar o complacer a las personas que caen en otras relaciones que imitan esos patrones
Miedo a ser vulnerable con los demás, especialmente si sienten que alguien lo usará en su contra

Con suerte, el último capítulo se entendió fácilmente. Parte de su trabajo será leerlo varias veces hasta que comprenda estos diagnósticos. ¿Por qué? Porque esto es el 80% de su curación, ya que ambos tipos agotan a las personas de diferentes maneras. Ya sea que sienta soledad, culpa, miedo, abandono o despersonalización, el impacto que esta toxicidad ha tenido en su vida necesita *que sepa que no es usted*. ¿Es más fácil decirlo que hacerlo? En realidad, lo es, así que vas a dejar de decirte a ti mismo que no lo es, lo que te dices a ti mismo es lo que vas a obtener. ¿Por qué continuarías con el diálogo interno negativo? Te recomiendo que dejes de hacer eso y trabajes en el diálogo interno positivo. A medida que continúe haciendo esto, el diálogo interno positivo será la nueva norma para usted.

Las personas y las cosas son posesiones y presentaciones para ellos. Sí, duele escucharlo, pero es la realidad. Si no se ajusta a su narrativa, esa narrativa se cambiará una y otra vez hasta que lo haga. **Aceptar el diagnóstico y eliminar la personalización será el trabajo más desafiante para usted.** Paso meses ayudando a familias, parejas, cónyuges e hijos a llegar a este punto. Una vez que lo hacen, su trabajo comienza a ser alcanzable, y pueden avanzar en la vida y enfocarse en su curación continua, abordando su propio dolor para que puedan llegar a un yo más saludable y feliz.

Otro recordatorio: el Trastorno Narcisista de la Personalidad y el Trastorno Límite de la Personalidad son enfermedades mentales. La persona o personas tóxicas en su vida pueden tener rasgos de estos diagnósticos, pero no tener una enfermedad mental; pueden reconocer los comportamientos tóxicos y cambiar.

En las páginas restantes, redirigirá el foco hacia *usted*. Es posible que no se emocione cuando llegue a la sección sobre *¿Es tóxico?* Sí, sucede. Si creciste en un hogar, has aprendido rasgos de personalidad; ahora es el momento de reconocer, poseer y superar esto. Es más común que no, y no es nada de lo que avergonzarse. Tienes la opción de querer cambiar y tienes la opción de no cambiar. Usted decide esto cuando esté listo.

"Las personas tóxicas son lecciones para nosotros; nos enseñan quiénes no somos y quiénes no queremos ser. --Maria Shkreli

Aprendiendo sobre ti

Nunca excusamos el comportamiento tóxico o abusivo. Educamos por qué las personas son abusadoras, por qué el abusado se queda y qué aprenden del abusador. Parte de la curación es aprender y comprender cómo sucede esto, dónde comienza y cómo asumir su papel, sí, reconocer su papel en una situación. Esto no es una falta o culpa, esto es para ayudar a alguien a reconocer "Cómo puedo cambiar lo que *estoy* haciendo porque lo que *estás* haciendo y cómo *estás* viviendo no es mentalmente saludable."

Nadie es perfecto. Todos cometemos errores y merecemos la oportunidad de reflexionar sobre nuestras acciones, reacciones y comportamientos. Merecemos la oportunidad de hacer un esfuerzo para convertirnos en mejores personas y cambiar comportamientos, acciones, reacciones, hábitos poco saludables y cualquier otra cosa en la que queramos trabajar.

La primera parte de su crecimiento es aprender sobre su familia. Sé que conoces a tu familia, pero vas a aprender sobre ellos desde una perspectiva diferente para que puedas reconocer patrones y obtener una mejor comprensión de ti mismo. No vamos a culpar a nadie por quiénes son, porque somos quienes somos por muchas razones, y su objetivo es aprender para que pueda *ayudarlo* mejor. Hacer un genograma es útil porque es visualización, que es una forma efectiva de ayudarnos a reconocer patrones que nunca antes habíamos visto.

Empecemos.

Qué es un Genograma?

Un genograma es una representación de un árbol genealógico que muestra detalles de las relaciones entre los miembros de la familia. Esta representación visual es una forma poderosa de reconocer patrones dentro de una familia y relaciones. El detalle contenido en un genograma puede variar de básico a extremo; el tipo de información lo decide la persona que trabaja en el genograma y lo que quiere aprender. Muchas personas usan genogramas para comprenderse mejor a sí mismas, sus relaciones y su vida.

Una persona puede diseñar genogramas para lo siguiente:

Relaciones entre todos los miembros de la familia
Diagnóstico conocido de cada miembro de la familia
Conflicto entre miembros de la familia
Reconocer patrones de comportamiento
Patrones en sus propias relaciones

Tú decides lo que quieres aprender de este ejercicio. Puedes escribir tan poco como quieras o tanto como necesites.

Si no está seguro de cómo comenzar, he configurado un genograma genérico, una breve descripción de la relación entre los miembros de la familia y un genograma en blanco para que lo complete, uno para la familia y otro para las relaciones generales/íntimas.

Además, puede buscar en línea plantillas alternativas y otras explicaciones.

Genograma Familiar

Símbolos

○ Femenino

▢ Masculino

X   Fallecido
+++ Relación comprometida
+-+- Separados
***   Sin contacto - una relación rota

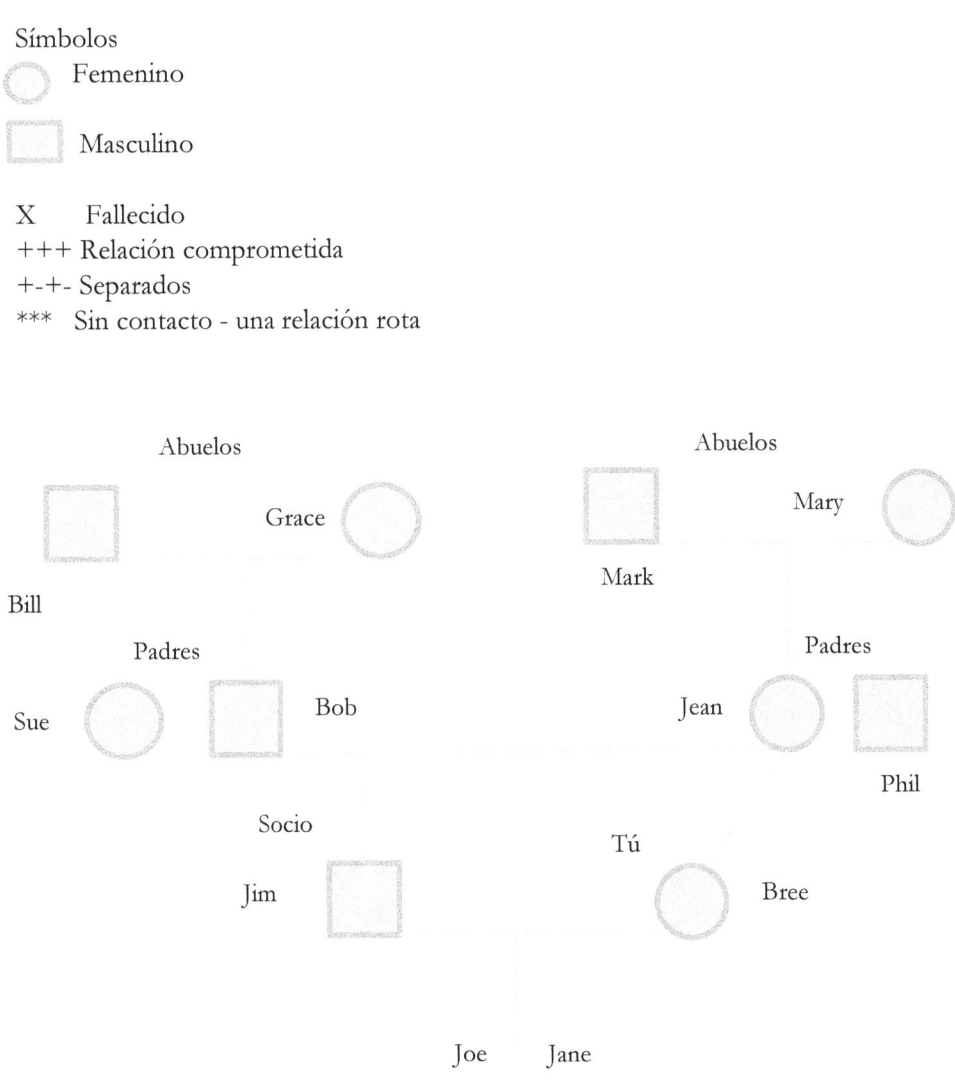

Abuelos

Grace

Bill

Abuelos

Mary

Mark

Padres

Sue   Bob

Padres

Jean   Phil

Socio

Jim

Tú

Bree

Joe   Jane

Niños

Ejemplo de información que puede usar para su genograma.

Bree y Jim

Casado 21 años
Dos niños Jim es banquero
Bree es ama de casa.
Bree se encarga del hogar y de los niños
La relación tiene roles definidos
Jim es perfeccionista, rígido en su pensamiento y materialista.
El matrimonio ha tenido problemas durante los últimos 4 años. Jim es verbalmente abusivo con Bree. Bree se siente estresada la mayor parte del tiempo porque se preocupa por lo que Jim se queja.
La vida social de Bree es pequeña y cuando sale suele ser durante el día mientras Jim está en el trabajo.

Bree's padres– Jean y Phil
Bree tiene una relación tensa con su madre, Jean. Jean es muy controladora, manipuladora y tiene muy poca empatía.
La relación de Bree con su padre, Phil, es amorosa. Phil es muy cariñoso, un complaciente de la gente.

La relación de Jean y Phil está dominada por Jean. El estado de ánimo de Jean fluctúa y los arrebatos hacia Phil son comunes.

Bree's abuelos – Mark y Mary
Mark tiene problemas de ira y es rígido. Mark siempre tiene la razón y todos los demás siempre están equivocados. Mary siempre está caminando sobre cáscaras de huevo con Mark.

Jim's padres – Bob y Sue
Jim no habla con sus padres debido a su relación con su madre. Sue es controladora, verbalmente abusiva y solo se preocupa por sus necesidades. Bob es verbalmente abusivo y siempre negativo.

Genograma Familiar

Símbolos

◯ Femenino

▭ Masculino

X   Fallecido
+++ Relación comprometida
+-+- Separados
*** Sin contacto - una relación rota

Genograma

Símbolos

◯ Femenino

▢ Masculino

X   Fallecido

+++ Relación comprometida

+-+- Separados

***   Sin contacto - una relación rota

Lo que aprendí de mi Genograma:

¿Qué es el Trauma?

¿Qué es el trauma? Una experiencia o evento angustiante que puede afectar la capacidad de una persona para funcionar y hacer frente que puede resultar en daño psicológico y emocional.

Durante un evento traumático, nuestros pensamientos pueden dispersarse y desorganizarse de tal manera que ya no reconocemos esos recuerdos como pertenecientes a nosotros. Fragmentos de la memoria se almacenan en nuestro inconsciente y más adelante en la vida pueden activarse por cualquier cosa que recuerde mucho a la experiencia traumática original. Una vez que esto se desencadena, nos hace recrear el trauma original en nuestra vida cotidiana.

Las experiencias traumáticas comunes incluyen:
Abuso (incluida la violencia doméstica)
Muerte de un ser querido
Asalto
Violación
Pérdida de empleo
Divorcio
Violencia
Accidente
Enfermedad
Prisión

Algunos de nosotros superaremos las dificultades de la vida ilesos, pero para algunos de nosotros, un evento traumático puede causar un gran sufrimiento. Hay muchos tipos diferentes de traumas, que pueden ser causados verbal, emocional, físicamente y por la intimidación. Los eventos traumáticos pueden ser intensos y graves, y cada persona reacciona al trauma de una manera única. Los eventos que son traumáticos para una persona pueden no serlo para otra persona. A veces, el trauma de un padre puede influir en los patrones de estrés de sus hijos, y estos se convierten en el propio trauma de los niños. Esto se conoce como pasar el trauma generacional al siguiente. Además, la ansiedad, el estrés y la depresión se transmiten, entonces, ¿cómo rompemos el ciclo? A través de la curación de ti mismo.

La mayoría de las personas son conscientes de sus problemas, pero el enfoque utilizado para resolver sus inquietudes no siempre funciona y no pueden entender por qué su vida no está cambiando. Cuando esto ocurre, por lo general, el enfoque no se ha centrado en ellos, sino en la otra persona. Antes de que puedas trabajar en ti mismo, necesitarás comprender a tu familia y tu infancia y poner tu pasado en el pasado para poder avanzar por completo. El trauma experimentado afecta muchas cosas que hacemos y cómo vivimos, aunque el trauma proviene de un lugar de miedo en lugar de autenticidad. El trauma impulsa a una persona a protegerse mentalmente de las experiencias pasadas y a tener más precaución con las personas, las carreras, las relaciones y las situaciones. Superar el trauma implica reconocer de dónde vino el trauma, compartir su experiencia con los demás y darse tiempo para sanar. En la página siguiente encontrará reacciones comunes de personas cuando el trauma ha afectado su vida.

Efectos del trauma

Los efectos del trauma pueden hacer que sea difícil regular las emociones, controlar los comportamientos, planificar las tareas cotidianas y explorar la vida.

El trauma puede causar:

- **Entumecimiento emocional**: esto ayuda a la persona a proteger sus sentimientos de lo que ha sucedido y la protege de sus sentimientos profundos del trauma.
- **Iluminación con gas**: esto puede llevar a la autoculpa y la duda y minimizar el trauma, lo que hace que pienses que estás loco por tus pensamientos y sentimientos.
- **Estar fuera de contacto con sus emociones**: una persona puede reconocer sus emociones, pero las ignora y se distanciará de la experiencia que ha/está ocurriendo.
- **Hipervigilancia**: una persona estará en sintonía (mayor estado de alerta) con las emociones de otras personas, lo que puede llevar a cuestionar los sentimientos y emociones de las personas sobre usted.
- **Futuro incierto**: las personas vivirán con la sensación de que no vivirán mucho y con el temor de la cantidad incierta de tiempo que les queda por vivir.
- **Evita los conflictos**: una persona puede reaccionar a los argumentos y sentir que sus opiniones no importan, lo que hace que se cierre.
- **Recuerdos de la infancia**: una persona tiene dificultades para recordar su infancia; pueden bloquear emociones, sentimientos y recuerdos.
- Retraimiento: una persona se aislará de los demás; se sienten separados y desconectados.
- **Sentimientos embotellados**: una persona creará una capa de defensa para su dolor y dolor y embotellará todo esto.
- **Ansiedad**: una persona sentirá que siempre tendrá que estar alerta, lo que aumenta su ansiedad.
- **Muy crítico de ti mismo**-una persona es extremadamente crítica de sí misma y no puede sacar esta crítica de sus pensamientos.
- **Confiar en los demás**: una persona puede tener dificultades para confiar en otras personas y puede ver a las personas como inseguras.
- **Dolencias físicas crónicas**: las personas experimentarán dolor físico, estrés, problemas para dormir y un funcionamiento inmunológico más bajo.
- **Atraído por personas tóxicas**: el trauma de una persona se manifiesta en sus relaciones, amistades y asociaciones. Una persona gravitará hacia un individuo abusivo sin darse cuenta porque está familiarizada con el abuso, el caos y la manipulación.

¿Eres capaz de enumerar tus recuerdos traumáticos? Describe los desencadenantes, cómo te sientes y cómo superas esto.

Desafortunadamente, cuando el trauma consistió en abuso, el ciclo de abuso y los patrones de comportamientos repetidos pueden conducir a un vínculo traumático en las relaciones.

¿Qué es la vinculación traumática?

El vínculo traumático es un apego emocional disfuncional profundo que se desarrolla en una relación abusiva. En estas relaciones, el abusador puede controlar a su pareja (el abusado) mediante el uso de tácticas que hacen que la pareja tema terminar la relación. La vinculación traumática es similar al" Síndrome de Estocolmo", que es el término dado a las personas que se apegaron a sus capturadores en 1973 en una situación de rehenes en Suecia. Estas personas fueron retenidas como rehenes durante varios días, y después de que fueron rescatadas, algunos de los rehenes se unieron a los capturadores. Este ir y venir entre el abusador y su pareja es el patrón de abuso y refuerza el vínculo emocional. La vinculación traumática se produce debido a la forma en que el cerebro de una persona maneja el trauma cuando una persona está en modo de supervivencia. Las combinaciones de abuso y refuerzo positivo crean el vínculo traumático entre el abusador y el abusado. El vínculo se forma a partir de la necesidad de apegos como supervivencia y así es como el abusado se vuelve dependiente del abusador. La relación es como estar en una relación con una pareja que es narcisista. El vínculo traumático ocurre en cualquier momento de una relación.

Este tipo de relación tiene tres fases: Apego, Dependencia, Abuso

Tácticas comunes que un abusador puede usar para controlar a su pareja:

Intimidación: decir o hacer cosas que infundan miedo
Aislamiento-cortar a su familia y amigos
Abuso emocional: encender gas, manipular, insultar, humillar, criticar, hacer que su pareja dude de los eventos y de su cordura
Minimización: los sentimientos de abuso de su trauma son tomados a la ligera y / o negados por el abusador y el abusador justifica el abuso como merecido
Toma de decisiones - el abusador toma todas las decisiones por el abusado **Abuso financiero-**las finanzas son controladas por el abusador
Amenazas: el abusador hace amenazas de violencia contra sus seres queridos o mascotas para obligar a su patrón a hacer lo que el abusador necesita.

Estás unido al Trauma si tienes estos sentimientos:

Te has aislado.
Crees que todo es culpa tuya.
Estás descontento con ellos, pero aterrorizado de perderlos.
Mientes a familiares y amigos sobre el abuso.
Estás encubriendo y poniendo excusas por sus comportamientos a los demás. Crees que si eres mejor, ellos cambiarán.
Ya no sabes quién eres.

¿Reconoce los signos de vínculo traumático en las relaciones? ¿Cuándo notó por primera vez estos signos?

Si luchas con las relaciones, la causa puede ser el estilo de apego que desarrollaste en tu infancia. Lo siguiente le ayudará a reconocer su estilo de apego para que pueda trabajar en deshacer estos patrones poco saludables y tener relaciones más felices y saludables.

Los estilos de apego se desarrollan en la primera infancia y pueden causar dificultades con las relaciones en la edad adulta. Si tuvieras un apego seguro durante la infancia, es probable que tengas confianza, confianza y una capacidad saludable para trabajar en las relaciones. Sin embargo, si no había un apego seguro, los efectos de tener dificultades en las relaciones continúan hasta la edad adulta. Las personas con problemas de apego son particularmente susceptibles a las relaciones tóxicas porque son emocionalmente vulnerables, a menudo tienen problemas de abandono y por varias razones explicadas en el siguiente capítulo.

Estilos de Fijación

¿Qué es el apego inseguro? Es un patrón que hace que una persona se sienta insegura acerca de sus relaciones. Debido a la inseguridad que sienten con las personas, luchan en las relaciones adultas. Hay varios tipos de apego, pero identificaremos los que están presentes en las relaciones tóxicas.

El apego ansioso es cuando una persona tiene dificultades para sentirse segura en una relación. Esta persona es más propensa a las inseguridades y los celos en sus relaciones y tiene un mayor riesgo de trastornos de ansiedad. Las mujeres que experimentan este apego y abuso durante la infancia tienden a tener dificultades más adelante en la vida en sus relaciones. Las relaciones para una persona con apego ansioso tienden a ser estresantes, inestables y negativas.

Este estilo se desarrolla en la primera infancia y tiene un impacto de por vida en:
La capacidad de comunicar emociones
La capacidad de trabajar a través del conflicto
La capacidad de formar expectativas saludables

Los signos de apego ansioso en la edad adulta se presentan como:
Tener dificultades para confiar en los demás
Necesidad de tranquilidad constante
Miedo al abandono
Baja autoestima
Temperamental, impulsivo e impredecible
Demasiado sensible

El apego evitativo es cuando una persona encuentra dificultades con la intimidad emocional y se distancia en las relaciones. Puede ser divertido estar con estas personas, pero es difícil dejarte entrar en sus emociones. Evitan la cercanía y la intimidad cuando las relaciones se vuelven serias. Cuando sienten que la otra persona se está acercando, pueden romper con ella y comenzar a distanciarse de ella.

Los signos de apego evitativo en la edad adulta se presentan como:
Evitar la cercanía emocional
Retirarse en situaciones difíciles
Las emociones se suprimen
Supresión de eventos negativos de la vida
Retirarse de conversaciones incómodas
Hiperconcentrados en sus propias necesidades
Dificultad cuando los socios se consideran demasiado necesitados y / o pegajosos

El apego temeroso-evitativo es el estilo de apego más extremo porque estas personas luchan por querer amar a alguien pero temen este vínculo con otra persona. Este apego consiste en estilos ansiosos y evitativos. Este estilo de apego suele ser el resultado de abuso y trauma en la infancia, que puede consistir en abuso emocional, verbal, sexual o físico.

Los signos de apego temeroso-evitativo en la edad adulta se presentan como:
Comportamientos de relación impredecibles
Miedo extremo al rechazo
Comportamiento agresivo
Autoimagen negativa y baja autoestima
No sentirse adorable
Ansioso o deprimido

El Trastorno de Personalidad Dependiente es un trastorno de ansiedad caracterizado por la incapacidad de una persona para estar sola. Las personas con trastorno de personalidad dependiente tienden a depender de otros para obtener consejos, apoyo, tranquilidad y consuelo. Las personas con tendencias codependientes o Trastorno de Personalidad Dependiente tienden a sentirse atraídas por personas tóxicas debido a sus características y miedo al abandono
.

Estos sentimientos ocurren la mayor parte del tiempo sin un desencadenante específico. La ansiedad es difícil de controlar y es desproporcionada al miedo. Este diagnóstico manifiesta extrema necesidad, apego y sumisión, lo que permite que la persona permanezca en relaciones poco saludables. La persona tiene dificultades para tomar decisiones y siempre requiere consejos y tranquilidad de los demás. Los factores de riesgo para este individuo pueden haber sido contribuidos por un historial de negligencia, una infancia abusiva, abuso en las relaciones, padres autoritarios o antecedentes familiares de ansiedad.

Las características incluyen:
Evitación de responsabilidades personales
Dificultad para estar solo
Sensación de impotencia y miedo al abandono
Hipersensible a las críticas
Dificultad para tomar decisiones cotidianas
Carece de confianza en sí mismo
Puede ser ingenuo
Miedo al rechazo
Herido por la desaprobación

Si luchas con las relaciones, la causa puede ser el estilo de apego que desarrollaste en tu infancia. Las siguientes preguntas lo ayudarán a reconocer su estilo de apego para que pueda trabajar en deshacer estos estilos poco saludables y tener relaciones más felices y saludables.

¿Reconoces signos de apego ansioso en ti mismo? ¿Cuándo notó por primera vez estos signos?

¿Reconoces algún signo de apego evitativo en ti mismo? ¿Cuándo notó por primera vez estos signos?

¿Reconoces signos de apego temeroso-evitativo en ti mismo? ¿Cuándo notó por primera vez estos signos?

¿Reconoces signos de personalidad dependiente en ti mismo? ¿Cuándo notó por primera vez estos signos?

Ansiedad

¿Por qué mencionar la ansiedad? Porque si estás ansioso, los pensamientos irracionales son parte de tus patrones de pensamiento y estos patrones de pensamiento poco saludables afectan tu calidad de vida. Los pensamientos irracionales afectan las relaciones, y cuando hay una persona tóxica en tu vida, tu ansiedad estará en alerta máxima.

Entonces, ¿qué es la ansiedad?

Emoción caracterizada por sentimientos de miedo, tensión y preocupación. Es una reacción al estrés. Es una preocupación y un miedo excesivos, generalmente por situaciones cotidianas, un evento o algo con un resultado incierto. Los sentimientos son extremos e interfieren con su vida diaria.

¿Cuál es la diferencia entre la ansiedad normal y un trastorno de ansiedad?

* **Ansiedad normal**: Las personas experimentan ansiedad como una reacción a un evento o situación que ocurre en su vida y generalmente dura un corto período de tiempo. Esta ansiedad no afecta su calidad de vida.
* **Trastorno de ansiedad**: Pensamientos y/o preocupaciones intrusivas recurrentes que no desaparecen. El miedo y la preocupación están presentes todo el tiempo, lo que puede aumentar en intensidad y frecuencia y afectar la calidad de vida. Esta ansiedad se vuelve abrumadora y surge sin razón. También puede encontrarse evitando situaciones por preocupación.

¿Por qué estoy ansioso?
* Genética
* Química cerebral
* Personalidad
* Eventos estresantes continuos
* Influenciado por factores ambientales

¿Qué efectos pueden tener los trastornos de ansiedad?
Las personas pueden experimentar ataques de ansiedad, ataques de pánico, aislamiento social, depresión y relaciones desafiantes, que desafían la capacidad de una persona para trabajar y realizar actividades de rutina.

El Trastorno de Ansiedad Generalizada es cuando un individuo tiene una preocupación excesiva por eventos o actividades, por ejemplo, la familia, la escuela, los amigos y el trabajo. Estos sentimientos ocurren la mayor parte del tiempo sin un desencadenante específico. Esta ansiedad es difícil de controlar y es desproporcionada al miedo.

Los síntomas comunes incluyen:
* Trastornos del sueño
* Irritabilidad
* Dificultad para concentrarse
* Tensión muscular
* Débil o cansado S
* ensación de peligro
* Aumento de la frecuencia cardíaca
* Sudoración I
* Nquietud
* Dolores de cabeza crónicos

Es hora de aprender sobre tu ansiedad. Los eventos perturbadores no ocurren con tanta frecuencia como crees, pero cuando lo hacen, pueden deberse a que las personas se sienten asustadas, molestas, inseguras e indefensas. Hay diferentes tipos de eventos perturbadores / confusos. Aprendamos sobre los eventos que provocan ansiedad que experimentas. Aquí recordarás momentos de ansiedad (eventos/situaciones inquietantes en los que te sentiste ansioso) y responderás las siguientes preguntas:

Enumere sus síntomas:

¿Cuándo sucede?

¿Por qué sucede?

¿Con qué frecuencia sucede?

¿Cómo te sientes cuando sucede?

¿Cómo manejas la situación?

¿Vives en el pasado? ¿Cómo? ¿Por qué?

¿Con qué frecuencia predice el futuro? ¿Por qué?

¿De verdad quieres cambiar? Sí, es una pregunta. ¿Por qué? Porque a veces las personas se sienten tan cómodas con lo que saben, que tienen miedo de cambiar porque no pueden imaginar cómo sería sentirse mejor. Bueno, decide si quieres cambiar y hazlo.

"No seas víctima de tus pensamientos negativos ." -- Desconocido

Creencias Fundamentales

¿Cuáles son las creencias fundamentales?
Las creencias centrales negativas son creencias (suposiciones / expectativas) que pensamos sobre nosotros mismos (nuestra identidad), los demás y el mundo. Estas creencias son nuestra seguridad, inseguridad, dudas y validación de nosotros mismos. También son suposiciones que influyen en nuestro comportamiento y en cómo vemos a los demás y las situaciones.

¿Por qué pienso así?
Estas creencias pueden comenzar en la infancia, la edad adulta temprana y a partir de experiencias traumáticas. Se aprenden de la experiencia. Las creencias negativas sobre ti mismo pueden provenir de las críticas de los demás en la primera infancia, incluidas las altas expectativas de los demás. Las creencias centrales negativas de los demás generalmente se desarrollan al presenciar o experimentar experiencias traumáticas y relacionar estas experiencias con el mundo.

¿Cómo me afectan las creencias centrales negativas?
Las creencias centrales negativas pueden afectar los sentimientos, los comportamientos y nuestra percepción de cómo debemos ser y esperar que sean los demás. **Estas creencias pueden llevar a una persona a un diálogo interno negativo que puede conducir a distorsiones cognitivas, lo cual es un pensamiento irracional.**

¿Puedo cambiar mis creencias centrales negativas?
Sí, es posible cambiar las creencias negativas. Tomará trabajo y puede ser un desafío porque estas creencias están arraigadas y formadas en los primeros años de vida. Tendrá que reconocer sus patrones para determinar las creencias centrales negativas.

¿Son similares las creencias y expectativas centrales?
Sí, cuando proyectamos nuestras creencias centrales negativas en los demás, esperamos que piensen y sientan de la misma manera que nosotros, y cuando no lo hacen, crea una desconexión entre nosotros.

¿Cuáles son las creencias básicas poco saludables?
La creencia central poco saludable de una persona es una suposición automática negativa sobre sí misma y los demás:

Soy un perdedor	A nadie le gusto	No valgo nada
No soy bueno	Soy malo	No soy digno de ser amado
No puedo hacer nada bien	No soy inteligente	Soy feo
Soy débil	Estaré solo	Nada es fácil
Soy un fracaso	No pertenezco	Siempre estoy haciendo algo mal
No puedo confiar	No estoy en control	Soy inadecuado
No puedo confiar en mí mismo	No es correcto mostrar emoción	Estaré solo
Hago las cosas mal	Debería saberlo mejor	

No soy delgada; por lo tanto, nadie piensa que soy bonita.
Si no cumplo con las expectativas de los demás, no soy una buena persona.
No soy rico; por lo tanto, no tengo éxito.
No soy inteligente y no puedo hacer nada.
Las personas que no están de acuerdo conmigo son difíciles y no agradables.
Las personas que no trabajan duro son perezosas.
Si no me va bien en la escuela, nunca tendré éxito.
Si alguien no me devuelve la llamada, significa que no le gusto.

¿Qué son las creencias básicas saludables?

Soy una buena persona

Soy adorable

Merezco ser feliz

Aprendí de la situación

Puedo expresarme

Estoy en control

Puedo confiar en la gente

Quiero confiar

Yo valgo la pena

Puedo cometer errores

Hice lo mejor que pude

Tengo coraje

Elijo ser positivo

Soy bueno con quien soy

Soy importante

Confío en mis elecciones

¿Qué más pueden hacerme las creencias centrales negativas?

Una persona puede tener dificultades para confiar en otras personas; tal vez agresivo; puede, sin darse cuenta, siempre poner sus necesidades en un segundo plano y cuidar de los demás; puede sentirse inadecuado en las relaciones; y puede ser muy confrontativo.

¿Puedes dar un ejemplo de una creencia central negativa y cuál podría ser la creencia positiva?

Negativo

June: "Siempre soy un fracaso."

Situación: Cree que es un fracaso porque olvidó completar un proyecto a tiempo Sensación: Está deprimido

Comportamiento: Su depresión le impide hacer cambios en sus creencias negativas

Bob: "No tengo suerte."

Situación:Bob no consiguió un trabajo para el que se entrevistó y siente que no tiene suerte

Sensación: Está deprimido

Comportamiento: Su depresión le impide hacer cambios en sus creencias negativas

Positivo

June: "Hago mi mejor esfuerzo."

Situación: June no dormía lo suficiente y no podía concentrarse

Sentimiento: Decepcionado

Comportamiento: No se queda despierto hasta tarde cuando vencen los proyectos

Bob: "Confío en mis decisiones."

Situación: Bob solicitó un trabajo para el que no calificó

Sentimiento: Decepcionado

Comportamiento: Aprenderá de la situación y se mantendrá enfocado

Creencias fundamentales y ansiedad

La siguiente situación es un ejemplo que puede usar para ayudarlo a reconocer sus creencias fundamentales y cómo desencadenan su ansiedad.

Situación: La esposa de Bill, Debra, le dice que siente que él no la ama de la misma manera que ella y que necesita que él se lo exprese más. Ella le dice que él no lo dice lo suficiente y se siente solo y herido. Bill responde a Debra y le dice que no necesita decírselo siempre. Debra responde:" No te creo", y la conversación se convierte en una discusión.

La creencia central de Debra   Si no expreso mis emociones, significa que no soy adorable

↓

La expectativa de Debra: Las personas necesitan validar su amor para sentirse amadas

↓

Pensamiento Irracional: Adivinación, catastrofismo, pensamiento de todo o nada

↓

Desencadenante de Ansiedad: Bill no le dice a Debra que la ama regularmente. Sus creencias son diferentes a las de Debra y debido a esto, su ansiedad se desencadenó.

Enumere sus creencias centrales negativas:

Piense y explore cuándo se originó cada creencia:

Reemplace las creencias centrales negativas con creencias centrales positivas.

Pensamiento Irracional

¿Qué es el pensamiento irracional?
Los pensamientos o creencias irracionales son percepciones distorsionadas de la realidad que se presentan de manera negativa y ocurren bajo angustia emocional. Estos pensamientos son reacciones emocionales a situaciones.

¿Pueden estos pensamientos afectar tu vida?
Sí. Aumentarán la ansiedad, la depresión y el estrés.

¿Todos tienen patrones de pensamiento irracionales?
Sí, todos lo hacemos, pero alguien con un trastorno de ansiedad tiene dificultades para ver una situación de manera lógica y sigue pensando lo peor. La mayoría de las personas con ansiedad tienen patrones de pensamiento irracionales. Son conscientes de esto, pero no pueden controlar sus pensamientos. También hay momentos en que estos pensamientos son automáticos, un hábito.

¿Cómo determino si mis patrones de pensamiento están afectando mi calidad de vida y me ponen ansioso?
Para ayudar a determinar si los patrones de pensamiento están afectando su calidad de vida, hágase las siguientes preguntas:

¿Con qué frecuencia encuentras fallas en los demás? ¿Es casi todo el tiempo, o solo parte del tiempo? Si es casi todo el tiempo, es probable que afecte su calidad de vida. *Ahora, pregúntate cómo puede ser todo el tiempo.* ¿Todos los demás siempre están equivocados? ¿La gente siempre te hace mal?

El objetivo es reconocer sus patrones de pensamiento irracionales y recordarse a sí mismo cuándo sus pensamientos son irracionales. "¿Por qué estoy pensando de esta manera? ¿Qué gano pensando de esta manera? ¿Cómo me siento cuando pienso de esta manera?"¿Qué hay de sus expectativas y suposiciones? Estos también juegan un papel importante en la ansiedad. Una vez que comiences a reconocer tus pensamientos irracionales, comenzarás a pensar de una manera más saludable y estarás en camino hacia un yo más tranquilo.

¿Cómo puedo hacer que esto funcione para mí?
Trabajando en ello, reconociendo sus patrones y comprometiéndose a cambiar los patrones de pensamiento cuando esté listo.

En la página siguiente, encontrará patrones de pensamiento irracionales comunes. Después de haber leído cada uno, determine los que se aplican a usted. Márquelos y feche la parte inferior de la página. Su objetivo es reconocer patrones de pensamiento irracionales y reemplazarlos por otros más saludables. De vez en cuando, revise la lista de verificación de pensamiento irracional para ver qué tan lejos ha llegado. Es genial ver el progreso que estás haciendo.

Patrones de Pensamiento Irracionales Comunes

Después de leer los patrones de pensamiento, marque los que hace la mayor parte o todo el tiempo. Una vez que haya completado esto, el siguiente paso es crear conciencia para que pueda reconocer cuándo ocurre. Aprenderá a reconocer automáticamente cuándo está ocurriendo el pensamiento irracional y, finalmente, desafiará el pensamiento.

❏ **Pensamiento de todo o nada**: Un individuo ve todo en el extremo. Es correcto o incorrecto, verdadero o falso. Rara vez se ven tonos de gris. Esta es la incapacidad de ver alternativas a un problema.

❏ **Sobregeneralización**: Un individuo toma una experiencia y cree que esto siempre ocurrirá. Por ejemplo, no estás invitado a una fiesta, por lo tanto, nunca serás invitado a ninguna fiesta.

❏ **Catastrofizar o minimizar**: Un individuo exagera o minimiza una situación. Por ejemplo:

   Catastrófico: Billy se topó con otro estudiante durante el almuerzo y la manzana del estudiante cayó al suelo. El estudiante le dijo a Billy que estaba bien y que fue solo un accidente, pero Billy se molestó tanto que pensó en ello durante días.

   Minimizando: Mary superó el récord en la escuela y ganó un premio. Después, dio un breve discurso y la gente la aplaudió. Sin embargo, Mary se quejó de que estaba tan nerviosa que su discurso era tonto.

❏ **Razonamiento emocional**: Una visión individual de cómo se sienten es lo que los define. Por ejemplo, Jane se siente tonta, por lo que está convencida de que es tonta, a pesar de que le va bien en la escuela.

❏ **Declaración de" Debería"**: Esta declaración (también incluye "debería" o "debe") generalmente induce sentimientos de culpa; la motivación para hacer algo se basa en lo que piensan los demás. Este pensamiento generalmente conduce a la dilación.

Patrones de Pensamiento Irracionales Comunes

❏ **Etiquetado y etiquetado incorrecto:** Un individuo hace lo contrario de la generalización excesiva.
   Etiquetado: te etiquetas a ti mismo: "Soy tonto."
   Etiquetado incorrecto: etiqueta el comportamiento de otra persona: "Es un bicho raro."

❏ **Personalización**: Un individuo cree que es la causa de un evento negativo. Por ejemplo, si Mary no te devuelve la llamada, no debes agradarle.

❏ **Adivinación**: Un individuo tiende a predecir que las cosas saldrán mal.

❏ **Descalificar lo positivo**: Un individuo no se da crédito a sí mismo cuando hace algo positivo y / o bueno. Sienten que no es merecido.

❏ **Pensamientos negativos**: Un individuo solo mira el lado negativo de un evento, situación o acción. Por ejemplo, perdiste el dinero de tu almuerzo, pero tuviste un gran día con amigos. Tu atención se centra en el dinero perdido.

Notas:

_____

_____

_____

_____

_____

_____

_____

_____

_____

_____

"Nadie se lesionó la vista mirando el lado positivo." -- Desconocido

Cómo se ve el pensamiento/comportamiento irracional:

Los pensamientos afectan tanto sus sentimientos como sus sensaciones corporales, que, a su vez, afectan su comportamiento general hacia las situaciones.

Por ejemplo, pensar:" no le gusto a nadie " puede crear una sensación de ansiedad (sentimientos) alrededor de otras personas, lo que, a su vez, puede causar palmas sudorosas (sensaciones corporales) que hacen que te retires de tus amigos (comportamiento), lo que hace que te sientas excluido.

Pensamientos

"A nadie le gusto"
"Siempre cometo errores"
"Están enojados conmigo"

Comportamiento

Retirarse de los amigos
Deja de hacer lo que disfrutas

Sentimientos

Triste
Ansioso

Sensación corporal
Sin energía
Cansado
Tenso

Tus pensamientos

A veces pensamos en cosas negativas una y otra vez; este es un pensamiento poco saludable. Puedes detener esto reconociendo cuándo estás repitiendo el pensamiento negativo en tu cabeza.

Haz una lista de todos los pensamientos negativos que repites una y otra vez. Reconoce tus patrones.

¿Con qué frecuencia te encuentras atrapado en estos patrones de pensamiento?
¿Con qué frecuencia reconoce los patrones de pensamiento que están ocurriendo?
¿Rumias / piensas demasiado?

Métodos

Cuando te encuentres pensando demasiado, ansioso, temeroso, preocupado y estresado por situaciones (por supuesto, situaciones no peligrosas), prueba los siguientes métodos y determina el que funcione para ti.

Detener el pensamiento: Use su reloj o teléfono cuando esto esté ocurriendo.

Establezca un temporizador para 20 minutos y dígase a sí mismo que no se preocupará, estresará, se preguntará ni pensará demasiado durante los próximos 20 minutos. Encuentra algo que hacer durante los próximos 20 minutos. Una vez que suene el temporizador, permítete volver a tu "preocupación" y pensar en lo que estaba pasando en tus pensamientos. Pregúntese lo siguiente: ¿Qué valor agregó el pensamiento irracional a mi calidad de vida? ¿Qué beneficio trajo el pensamiento irracional a mi calidad de vida?

Abrir la puerta: Visual

Visualiza una puerta. Abre la puerta. Ponga su situación fuera de la puerta y luego cierre la puerta.
Establezca un temporizador para 20 minutos y dígase a sí mismo que no se preocupará, estresará, se preguntará ni pensará demasiado durante los próximos 20 minutos. Encuentra algo que hacer durante los próximos 20 minutos. Una vez que suene el temporizador, permítete volver a tu "preocupación" y pensar en lo que estaba pasando en tus pensamientos. Pregúntese lo siguiente:
¿Qué valor agregó el pensamiento irracional a mi calidad de vida? ¿Qué beneficio trajo el pensamiento irracional a mi calidad de vida?

Nombra tu ansiedad:

Sí, nombra tu ansiedad. Piensa en un nombre divertido y habla con tu ansiedad cuando te sientas ansioso. Ej: "Bienvenida de nuevo, Dory. Sé que estás ansioso, y sé lo que está pasando en tus pensamientos. Tienes miedo, tu estómago está inquieto y tus pensamientos negativos son extremos. Sé que esto sucede y sé que no eres lógico en este momento. Sé que siempre superas esto. También sé que a medida que los desafíe, esto se volverá más fácil."

Este método te permite aceptar y abrazar tu ansiedad. Es parte de ti. Cuanto más a menudo luches contra tu ansiedad y le encuentres fallas, en realidad aumentarás tu ansiedad. Es más difícil reducir la intensidad y la frecuencia de cuando ocurre. Deja que tu ansiedad sea tu amiga, de verdad, funciona.

Visualize your emotion/feeling:

Sus emociones/sentimientos negativos son un estado mental temporal. Aprenderás a visualizar tus emociones / sentimientos. Primero, aceptarás tus emociones / sentimientos.
En segundo lugar, vas a visualizar tus emociones como un objeto concreto/físico e imaginarlo frente a ti.

Responda las siguientes preguntas mientras imagina su emoción / sentimientos.
¿Qué emociones / sentimientos afectan negativamente su calidad de vida? Nombra tu emoción.

¿De qué color es?

¿Qué tan grande/de qué tamaño es?

¿Cuánto pesa?

¿Cómo se siente la textura?

¿Tiene olor?

¿Tiene sonido?

Ahora hagámoslo un objeto concreto / físico: encuentre un objeto y colóquelo a su lado / frente a usted.

Imagine su emoción como un objeto físico fuera de su cuerpo; ahora manipulará su emoción. Haz que la emoción exista fuera de tu ser interno. A medida que comiences a reconocerlo como un objeto fuera de ti, eventualmente no identificarás la emoción de la misma manera. Lentamente, la emoción no te definirá.

Ejemplo:

Tienes una silla que odias. Esta silla te hace sentir frustrado. Tiene varias soluciones para la silla, por lo que no necesita sentirse frustrado y dejar que afecte su estado de ánimo. Algunas opciones pueden ser:

Muévalo afuera * Donarlo * Tíralo a la basura * Cúbrelo

Todas estas soluciones pueden cambiar físicamente cómo se siente porque puede verlo, tocarlo, sentirlo y hacer algo con la silla. Una vez que haces algo con la silla, ya no estás frustrado. Tienes el control de tus emociones porque la silla es un objeto físico sobre el que puedes hacer algo. Completar el ejercicio anterior le permite enseñar a su proceso de pensamiento a ir directamente a su emoción como un objeto y eliminarlo desde adentro.

En la página siguiente, se discute la empatía porque las personas asumen que las personas sin empatía son indiferentes, mezquinas o tóxicas; pero no siempre y lo explicaré brevemente. Además, comprender la empatía juega un papel en nuestra comprensión de nosotros mismos y de los demás y en el control de nuestras "expectativas y suposiciones".

¿Qué tipo de empatía tienes?

Qué es la empatía? Es la capacidad de reconocer, comprender y compartir los pensamientos y sentimientos de otra persona.

¿Por qué es importante la empatía? La empatía es una habilidad humana que puede tener un impacto positivo en nuestras relaciones, bienestar y capacidad de conectarnos con los demás.

¿Todas las personas tienen empatía? No. La empatía no es algo natural para todos y, para algunos, el agotamiento, el trauma y otros cambios en la empatía, al igual que varias afecciones de salud mental. Tampoco significa que una persona sea tóxica.

¿Cuántos tipos de empatía hay? Los 3 tipos que son importantes; cognitivo, emocional y compasivo. Cada tipo se manifiesta de manera diferente a su manera. Algunas personas tienen 1 tipo, 2 y/o tres. Si solo demuestras uno o más tipos, a veces las personas te verán como indiferente, grosero y mezquino, y eso no significa que alguien sea tóxico. Comprender y reconocer los diferentes tipos ayuda a reducir su personalización, frustración, mala interpretación y estrés sobre los demás.

La empatía cognitiva es el tipo de empatía en la que puedes ponerte en el lugar de otra persona. Esta empatía tiene que ver con el intelecto, la comprensión y el pensamiento. Puedes empatizar con la otra persona y ser capaz de entender qué y cómo se siente a través de experiencias compartidas.
Ejemplo: Cuando tu compañera de cuarto llega a casa y te dice que su novio acaba de romper con ella, le haces saber que has estado allí y que puedes entender por lo que está pasando, esto la ayuda a sentirse menos sola.
La empatía emocional es cuando una persona puede sentir físicamente las emociones de otra persona. Esta empatía se ocupa de las sensaciones físicas y se ocupa de los sentimientos.
Ejemplo. Llorar con otras personas en un funeral o sentir una respuesta visceral cuando ves a alguien caerse de un escalón.
La empatía compasiva se trata de poder encontrar el equilibrio adecuado entre la emoción y la lógica; una combinación de empatía cognitiva y emocional. Además, significa que comprende las emociones de los demás y brinda apoyo al tomar medidas y ayudar a los demás. El desafío con esta empatía es que las personas pueden extenderse demasiado para "ayudar a los demás" y agotarse emocionalmente. *Es posible que este tipo de empatía nunca se desarrolle para algunas personas debido a que ven a otros "agotarse".*
Ejemplo. Donar a causas, detenerse para revisar a alguien que ha visto caer, detenerse para alguien que está cambiando una llanta pinchada y preguntarle si necesita ayuda.

¿Cuál es tu empatía?

Expectativas y Suposiciones

¿Cuáles son las expectativas? *Las* **expectativas** *son una fuerte creencia de que algo sucederá o debería ser de cierta manera. Más que cualquier otra cosa, nuestras* **expectativas** *determinan nuestra realidad, y nuestras* **expectativas** *también impactan a quienes nos rodean. En una profecía autocumplida, podemos subir o bajar dependiendo de sus* **expectativas** *y creencias.*

Por supuesto, todos los tenemos, y a veces los culpamos por nuestras decepciones, frustraciones y conflictos. Sin embargo, a veces necesitamos sentarnos y reflexionar sobre nuestras expectativas. Necesitamos revisar nuestras creencias fundamentales y aprender a ser más flexibles en nuestras creencias o reducir las expectativas de los demás para encontrar un equilibrio saludable. También es importante que las personas en nuestras vidas sepan cuáles son sus expectativas. No asumas que lo saben, no eres tú. ¿Nos autosaboteamos? ¿Podemos aprender a ser más flexibles en la comprensión? ¿Podemos reducir algunas de nuestras expectativas para evitar decepciones cuando otros no las cumplen?

Las expectativas pueden provenir de nuestras creencias fundamentales y pueden proyectarse en los demás. Cuando no cumplen con sus expectativas, tenemos un problema. Desde nuestra perspectiva, asumimos que no les importa, que no son respetuosos, que no nos aprecian, que son hirientes, que son egoístas y cualquier otra cosa que se nos ocurra. A veces, estas razones son válidas y otras no, y es cuando no son ciertas lo que crea tensión, resentimiento, decepción, enojo y dolor. Una solución fácil es reconocer sus expectativas, ya que pueden contribuir a su ansiedad.

Ajustar las expectativas:

No esperes que la gente piense como tú.
No esperes que la gente te trate como quieres que te traten.
No esperes que la gente sepa lo que quieres decir.
No esperes que la gente crea lo mismo que tú.

Además, cómo te sientes cuando proyectas tus expectativas en los demás:

Decepción
Herido
Enojado
Decepcionado
Incomprendido
Desconocido
No amado

En nuestras vidas, todos tenemos títulos, y con estos títulos viene un papel en el que tratamos de encajar. En general, la sociedad ha creado estos títulos y descripciones y se espera que nuestro papel coincida con estos títulos.

Título	Descripción	Expectation to fit this role in society
Padre	Proveedor, Cuidador Partidario de sus hijos Dedicado, Cariñoso, Compasivo	Para ajustarse a la norma social de ser un buen padre para sus hijos
Madre	Provider, Caregiver Supporter of her children Devoted, Caring, Compassionate	Para ajustarse a la norma social de ser una buena madre para sus hijos
Esposa	Proveer para su cónyuge, necesidades personales y necesidades del hogar	Para ajustarse a la norma social de ser una buena esposa
Marido	Proveer económicamente a su cónyuge	Para ajustarse a la norma social de ser un buen esposo
Hermana	Cariñoso, dedicado	Para ajustarse a la norma social de ser una buena niña y hermana
Hermano	Cariñoso, dedicado	Para ajustarse a la norma social de ser un buen hijo y hermano

Ahora viene la caída de las expectativas que no se cumplen. Los títulos no siempre se ajustan a los roles" esperados " de estos individuos, por lo que, dependiendo de las creencias fundamentales de uno, puede ser la tormenta perfecta para el conflicto, la decepción, la frustración, la ira y el resentimiento. ¿Por qué? Porque las expectativas de la sociedad no se han cumplido. Estas expectativas no tienen en cuenta los problemas de salud mental. El resultado puede ser que un miembro de la familia proyecte estas expectativas en los demás porque sus propias creencias fundamentales no les permiten alinearse con los roles tradicionales.

Enumere sus expectativas de los demás:

Reemplace las altas expectativas con expectativas racionales:

"Recuerda, no puedes alcanzar lo que está frente a ti hasta que sueltes lo que está detrás de ti." -- Desconocido

Diario de Pensamientos

Este ejercicio lo ayudará a pensar de manera más racional sobre una suposición y/o regla que puede ser un pensamiento dañino.

Piense en un escenario en el que se sintió mal por su pensamiento. Escribe una breve descripción de la situación.

A continuación, identifique la suposición / pensamiento que ocurrió. ¿Cómo reaccionaste?

Ponte a prueba y pregúntate qué pasó en tu vida para adquirir este pensamiento, cómo/cuándo lo aprendiste y qué te animó a creerlo.

Una vez que se hagan estas preguntas, comparará las ventajas y desventajas de pensar de esta manera.

Usa el diálogo interno para detener los pensamientos irracionales. Hágase consciente de estos pensamientos irracionales a medida que ocurren. Llevar un registro diario también puede ser útil. El siguiente es un ejemplo para ayudarlo a encontrar el método que funcione para usted, de modo que pueda aprender a reemplazar los pensamientos poco saludables con pensamientos más saludables.

La situación	Qué pensamientos negativos tuviste	Elija un pensamiento saludable alternativo
"Estoy muy nerviosa hablando en público. Sé que la gente está pensando en lo horrible que estoy presentando."	Centrarse en lo negativo	"Tengo más confianza y soy un mejor orador de lo que creo. Siempre lo he hecho bien,y la gente me lo ha dicho." "
"Nunca me sentiré contento. Siempre me preocuparé por todo."	Generalización Excesiva	"Puedo relajarme y relajarme. Puedo elegir dejar de lado mis preocupaciones."
"Mi dolor de estómago debe significar que algo anda mal conmigo."	Pensamiento catastrófico	"Hay muchas razones por las que me duele el estómago . La mayoría de las veces son mis elecciones de alimentos y desaparece."
"Si no puedo tener el control, no puedo funcionar durante el día."	Debería	"Solo puedo controlar mis acciones y reacciones . No puedo controlar cómo reaccionan y actúan los demás."

Ventajas de tus patrones de pensamiento negativos:

_____

_____

_____

_____

_____

Desventajas de tus patrones de pensamiento negativos:

_____

_____

_____

_____

_____

Hacer frente a sus sentimientos perturbadores:

Cuando experimentas una sensación molesta, hay pasos que puedes tomar para reducir la intensidad. ¿Cuáles son algunas de las cosas que hace y podría hacer para reducir los sentimientos?

Lo que haces:

Qué puedes hacer en su lugar:

¿Cómo te comunicas?

¿Por qué es importante la comunicación? Para empezar, porque es una parte esencial de la vida, pero aprender a comunicarse de manera efectiva requiere trabajo. La capacidad de comunicarse de manera efectiva es una de las habilidades más importantes de una persona. Cuando la comunicación es efectiva, podemos comprender nuestras necesidades y tener la capacidad de articularlas con las personas en nuestras vidas. Por supuesto, se necesitan otras personas para comunicarse de manera efectiva, y siempre serás desafiado por alguien que no es un buen comunicador, pero eso no significa que no puedas seguir progresando en tu estilo de comunicación.

No se preocupe; la escucha y la comunicación efectivas no siempre son fáciles. Hay muchos factores que intervienen en la falta de comunicación, como sentirse tímido, asustado o enojado, todos los cuales rompen la comunicación efectiva.

La incapacidad para escuchar, y sus complicaciones asociadas, también pueden causar angustia en situaciones familiares que se manejarían fácilmente si supiéramos cómo comunicarnos mejor entre nosotros. Las complicaciones pueden incluir diferencias en los estilos de aprendizaje, diferencias culturales y trastornos psicológicos.

Por cierto, si te estás preguntando por qué he incluido esto en el libro, es porque es importante. La comunicación puede disminuir la ansiedad de uno, y la otra persona podrá escucharte y comprenderte mejor. Una vez que inicie conversaciones con las declaraciones en "I", experimentará cuán saludables pueden ser la mayoría de las conversaciones. Tus patrones de pensamiento se verán desafiados cuando te comuniques de esta manera, y tu actitud defensiva y tus explicaciones excesivas disminuirán lentamente porque tu confianza y autoestima serán más fuertes.

Cuando esté en conflicto, redirija la conversación al tema, porque la gente se desviará para mantener el conflicto y el caos.

"La falta de comunicación arruina todo porque en lugar de saber cómo se siente la otra persona, simplemente asumimos."
--Unknown

La comunicación es efectiva cuando las conversaciones transcurren sin problemas y las personas entienden los mensajes que se pretendían transmitir. Sin embargo, este no es siempre el caso. Muchas veces, se escuchan mensajes equivocados, lo que lleva a malentendidos. Entonces, ¿qué es la comunicación ineficaz? Muchos de nosotros nos dedicamos a cerrar y / o evitar que las personas expresen sus necesidades. ¿Por qué? Porque somos demasiado emocionales o queremos ser escuchados primero. Las siguientes son algunas de las razones por las que falla la comunicación:

Ignorancia
Diversidad cultural
Emocional
Distancia (no cara a cara)
Digital (mensajes de texto/teléfono)
Jerarquía

Además, hay muchas formas en las que nos involucramos en una comunicación ineficaz y cerramos una conversación sin darnos cuenta.
Aquí hay algunos ejemplos:

Ignorarte o fingir que no escuchas
Culpar: usar "usted" con demasiada frecuencia es muy agresivo, y esto lleva a que todos estén a la defensiva
Desviar: una forma de desviar la atención de las propias acciones, creencias y sentimientos de una persona – Esta es una forma de culpar a la otra persona. Bloqueo: cuando alguien deja de hablar repentinamente en medio de una conversación.
Socavar: decirle a alguien lo que está diciendo no es cierto/está equivocado, dejar que la otra persona hable porque esta es su percepción.

Ejemplos de comunicación ineficaz:
"Estoy ocupado, no ahora."
"Siempre quieres hablar."
 "No me llamaste antes de irte."
"Siempre estás haciendo esto."
"Siempre llegas tarde."
 "Nunca estás de acuerdo conmigo."

Ejemplos de comunicación efectiva:
"Estoy ocupado, pero puedo hablar después de las 2 de la tarde."
 "Me gustaría hablar. ¿Estás disponible?"
"¿Puedes llamarme antes de salir del trabajo?"
 "Me gustaría entender por qué haces eso."
 "Me enojo cuando llegas tarde."
"Me siento inaudito cuando hablamos."
 "Me gustaría trabajar en nuestra comunicación."

Elección de palabras saludables y otras formas de comunicarse:

Aprenda a usar declaraciones en "I": * * * ¡Muy importante! Cambiará las situaciones dramáticamente cuando comiences con "yo".
"Me duele cuando esto sucede."No estoy seguro de cómo ayudarte."Quiero que me digas cómo se siente eso."Quiero que confíes en mí."Estoy aquí para ti cuando me necesites.""No entiendo, así que ayúdame a entender.""Te escucharé."No estoy seguro de cómo ayudarte."

Aprenda a usar declaraciones de" Qué "en lugar de" Por qué": Esto cambiará drásticamente el tono de la conversación. Esto minimiza que los demás se sientan atacados y ayuda a expresar sus palabras en un enfoque no agresivo. El uso de " qué " no siempre se aplicará; depende de la conversación. "¿Cómo se sintió eso para ti?"Lo que te llevó a sentirte de esa manera."Lo que hizo la situación confusa.""Qué otros enfoques se pueden utilizar."

Minimiza / Evita las declaraciones de "Tú": las declaraciones de" tú " son una excelente manera de comenzar una discusión y causar tensión, poniendo a la otra persona a la defensiva. Ten mucho cuidado aquí. "Nunca escuchas cuando te digo que hagas algo.""Siempre lo olvidas.""No te esfuerzas lo suficiente."Siempre llegas tarde."

Aprenda a participar en la escucha activa: Comprenda la información, incluidas las palabras y las emociones que una persona está tratando de comunicar, le muestra que está interesado y comprometido. Proporcione comentarios positivos. Déjalos hablar sin interrumpir.

Evita culpar a los demás.

Aprende a usar la regla de los 10 segundos:Si te sientes enojado, hazle saber a la otra persona que vas a tomar un descanso de 10 segundos antes de hablar con ella. Si todavía estás enojado, hazle saber a la otra persona que necesitas unos minutos para ordenar tus pensamientos.

Aprende a validar los sentimientos:No descalifiques cómo te sientes o cómo se sienten los demás. Tú no eres ellos, y ellos no son tú..

Escribe una situación de conflicto:

¿Cómo comuniqué mis sentimientos?

¿Reconozco por qué me sentí atacado?

"Cada día es una oportunidad para ser mejor." -- Desconocido

¿Reconozco un patrón que puede hacer que la otra persona se sienta atacada?

¿Abordé la conversación con dudas?

¿Cómo podría haberme comunicado de otra manera?

¿Fui flexible con la comprensión de la perspectiva de la otra persona?

En el siguiente capítulo, se discuten los límites porque establecen las pautas de cómo desea que las personas lo traten. Les recuerdo constantemente a mis clientes que siempre podemos culpar a otras personas por faltarnos el respeto, pero al final, ***PERMITIMOS QUE LAS PERSONAS NOS TRATEN Y NOS HABLEN DE LA MANERA EN QUE LO HACEN*** debido a nuestra falta de límites o por no mantenernos firmes en nuestros límites.

¿Qué son los límites?

Los límites son espacios entre usted y otra persona. Se puede usar una línea imaginaria que separa a dos personas entre sí. Esta línea mantiene a cada persona en su espacio, para sus propios sentimientos, necesidades y responsabilidades, de la otra persona.

Los límites son importantes porque te permiten tener tus propios sentimientos, pedir lo que quieres y necesitas sin tener que complacer a los demás y tomar tus propias decisiones. Sin límites saludables, las personas pueden enredarse, lo que lleva a la necesidad de complacer a los demás, lo que con el tiempo se vuelve mentalmente agotador. Los límites poco saludables conducen a la falta de respeto y el desprecio por sus deseos, valores y necesidades, y en las relaciones románticas, esto aumenta varios tipos de abuso. Determinar qué límites saludables necesita es una conversación que debe tener con las personas en su vida.

La fuerza de los límites es un indicador de su fuerza personal. Sus límites no se limitan a las relaciones íntimas, son esenciales con la familia, los amigos, los compañeros de trabajo y otras personas que están en su vida. Cuando una persona tiene límites débiles, es presa de las personas que manipulan, porque los manipuladores reconocen esta debilidad. Entonces, ¿cómo se reconoce si tienen límites débiles?

Los siguientes son algunos indicadores de que una persona tiene límites débiles:

Tienes dificultades para decirle que no a la gente, tiendes a exagerar al hacer muchas cosas que realmente no querías hacer.

Pones más en tus relaciones: pones trabajo extra en la relación para mantener un equilibrio saludable y siempre estás trabajando en formas de hacerlo. **Siempre estás resolviendo los problemas de los demás:** pasas mucho tiempo "arreglando" los problemas de los demás mientras permites que otras personas confíen en ti.

Tu vida tiene muchos conflictos: las personas pueden detectar que tienes límites débiles e intentarán traer conflictos a tu vida que no te pertenecen.

A menudo te faltan el respeto: las personas saben que pueden faltarte el respeto porque careces de límites.

El drama es parte de tu vida: las personas que crean drama te traerán su drama.

Te sientes culpable fácilmente: las personas pueden obtener lo que quieren y necesitan de ti debido a los límites débiles.

Pones las necesidades de otras personas por encima de las tuyas, priorizas las necesidades y la felicidad de otras personas por encima de las tuyas. Los pasos para establecer límites efectivos consisten en los siguientes tres componentes:

Establecer los límites: Piense en dónde debe establecer los límites – Identifica los límites más importantes.

Implementar y comunicar los límites: Piense en las personas con las que necesita establecer los límites y por qué necesita establecer estos límites. Comunícate con estas personas y hazles saber qué límites estás estableciendo y por qué.

Mantener y administrar los límites: La administración de estos límites requerirá un seguimiento. Tendrá que saber qué va a hacer cuando se violen los límites.

Una vez que haya determinado los límites, debe decidir qué pasos tomará para implementarlos.

Límites Saludables

Entonces, ¿cómo son los límites saludables? ¿Qué significa eso? Para que lo entiendas mejor, he enumerado varios ejemplos:

Límites físicos: Este es su propio espacio personal; consiste en el tacto y las necesidades físicas.
* Estoy muy cansada. Voy a descansar.
* No soy un abrazador. Prefiero estrechar la mano.
* No quiero que cojas mis cosas personales sin preguntar primero.
* Lamento que los niños se hayan acostado temprano, tendremos que hacer planes para otra noche.

Límites emocionales: Se trata de respetar sus sentimientos. Esto incluye cuando desea compartir o no compartir sus sentimientos emocionales con los demás. Esto valida tus sentimientos hacia los demás.
* Lamento que estés pasando por un momento difícil. Ahora mismo, no estoy en un estado mental para asimilar todo esto. ¿Puedes volver a revisar esta conversación?
* No puedo hablar ahora. No es el momento adecuado.
* Cuando comparto lo que siento contigo y me critican, me entristece. Solo puedo hablar contigo cuando me respetas.

Ejemplos de violación de límites incluyen:
* Criticar y desestimar los sentimientos
* Revisar información personal sin permiso
* Compartir sentimientos inapropiados con sus hijos
* Hacer suposiciones que sabes cómo se sienten otras personas

Límites de tiempo –estos incluyen límites en el trabajo, el hogar y socialmente. Sin estos límites, las personas tienden a comprometerse demasiado, lo que lleva a descuidar sus prioridades.
* Tenemos noche de cita los sábados, no podemos asistir.
* Solo puedo quedarme media hora.
* Estoy más que feliz de ayudarte. Mi disponibilidad es de 12 a 2.
* No puedo ayudarte mañana.

Límites sexuales– esto incluye la comprensión del consentimiento, las preferencias y el respeto.
* Solicitud de consentimiento
* Hablar de lo que te agrada
* Discusión de la protección
* Decir que no, eso no es cómodo para ti

Una violación de límites consiste en:
* Presión para tener relaciones sexuales
* No pedir consentimiento
* Enojarse si no quiere tener relaciones sexuales
* Contacto no deseado

Límites saludables que desea implementar:

	Socio	Familia
Límites físicos:		
Límites emocionales:		
Límites de tiempo:		
Límites sexuales:		

Límites saludables que desea implementar:

	Amigo (s)	Compañero de Trabajo (s)
Límites físicos:		
Límites emocionales:		
Límites de tiempo:		
Límites sexuales:		

Consulta Tu Progreso

Notas para uno mismo: ¿Qué he aprendido?

Lo que puedo controlar y lo que no puedo

Puedo controlar:

- ❏ **Mis límites**
- ❏ Mis pensamientos y acciones
- ❏ Las metas que me puse
- ❏ A lo que le doy mi energía
- ❏ Cómo me hablo a mí mismo
- ❏ Cómo me amo a mí mismo
- ❏ Cómo permito que otros me traten y me hablen
- ❏ Cómo me valoro a mí mismo
- ❏ Cómo manejo los desafíos
- ❏ Dejar ir la toxicidad

No puedo controlar:

- ❏ El pasado
- ❏ Las acciones de los demás
- ❏ Las opiniones de los demás
- ❏ Lo que me ha pasado
- ❏ El resultado de cualquier esfuerzo que hago
- ❏ Cómo otras personas se cuidan a sí mismas The past

No esperes ser perfecto: estás haciendo lo mejor que puedes.

"6 + 3 = 9, pero también 5+4. La forma en que haces las cosas no siempre es la única forma de hacerlas. Respeta la forma de pensar de los demás."
--Desconocido

¿Tengo rasgos tóxicos?

Siempre hay aspectos de ti mismo que puedes mejorar, y es inevitable que tus propios rasgos tóxicos, sí, leíste correctamente, puedan afectar tu vida. Ser honesto contigo mismo es importante y tener conciencia de cómo te ven los demás y cómo te ves a ti mismo te ayudará a reconocer cualquier rasgo tóxico que puedas tener. No siempre nos damos cuenta de nuestros propios rasgos tóxicos y, a veces, pasamos mucho tiempo mirando y culpando a los demás. Sin embargo, se necesita mirar hacia adentro para asumir nuestro papel y reconocer cómo estamos afectando nuestra vida cotidiana. Algunas personas son más susceptibles a las cualidades tóxicas en función de su personalidad, diagnóstico y experiencias de vida. Siempre podemos mejorarnos a nosotros mismos aprendiendo a reconocer las áreas que necesitamos mejorar,y esto viene con la autoconciencia. Se relaciona con la forma en que vemos nuestros comportamientos, valores, pensamientos, fortalezas y debilidades y reconocemos cómo impactamos a las personas en nuestras vidas; siendo honestos con nosotros mismos. Por lo tanto, haga una pausa y reflexione sobre sus propios rasgos y tome medidas para mejorar su salud mental y mejorar su calidad de vida.

En las siguientes páginas, explorará si tiene comportamientos poco saludables y cualidades tóxicas, y de ser así, hasta qué punto.

Comportamientos poco saludables

- ❏ Crítico: juzga a las personas y las situaciones sin experimentar
- ❏ Deshonesto: mentir, engañar a los demás
- ❏ Negativo: quejarse y poner un freno a la mayoría de las experiencias, las personas
- ❏ Grosero-no tener modales hacia los demás
- ❏ Mandón: tener control y dominio en situaciones
- ❏ Codicioso: tomar más a expensas de los demás
- ❏ Inconsistente: no cumplir con los compromisos, la familia, los amigos, el trabajo
- ❏ Astuto: no es honesto con sus acciones para su beneficio
- ❏ Falta de empatía: no reconocer los sentimientos de otras personas
- ❏ No asumir la responsabilidad: evitar la responsabilidad y no disculparse cuando sabe que se equivocó
- ❏ Irreflexivo: no tomas en consideración los sentimientos de otras personas
- ❏ Egocéntrico: solo se enfoca en sus propios deseos y necesidades

Reconocer tus patrones
Rasgos narcisistas

	Tú
¿Alguna vez la gente me ha dicho que siente que tiene que caminar sobre cáscaras de huevo a mi alrededor?	
¿Las conversaciones siempre son sobre mí?	
¿He perdido mis valores?	
Me burlo de los demás	
Estoy en constante drama	
No respeto los límites de las personas	
Estoy ensimismado	
Estoy celoso de los logros de otras personas	
Exijo que la gente me respete	
Mi yo vale más que los demás	
Llevo la cuenta con la gente	

Reconocer tus patrones
Rasgos narcisistas

	Tú
Culpo a otras personas por casi todo	
Espero que mis necesidades emocionales sean atendidas primero	
Me falta responsabilidad	
Siempre tengo que decir lo que pienso	
Espero roles definidos	
Espero que la gente esté de acuerdo conmigo	
Soy grandioso	
Engaño a la gente	
Estoy dominando	
I gaslight otros	
Manipulo a la gente	
Arremeto contra las personas que no están de acuerdo conmigo	
Justifico mi mal comportamiento	

Tiempo para reflexionar: ¿Qué aprendí del ejercicio de la página anterior?

"No todas las tormentas vienen a perturbar tu vida. Algunos vienen a despejar tu camino."
-- Desconocido

Banderas rojas que reconoces sobre ti mismo
Rasgos límite

	Sí	No
Tengo un miedo intenso al abandono		
Tengo un comportamiento impulsivo		
Tengo relaciones inestables		
Me autolesiono		
Tengo cambios rápidos en la identidad propia		
Tengo cambios de humor		
Tengo una sensación crónica de vacío		
Tengo una ira intensa		
Siento paranoia y pérdida de la realidad		
Siempre estoy compartiendo demasiado		
Siempre soy dramático		
Presento victimismo y busco simpatía la mayor parte del tiempo		
Presento obsesión y falta de respeto a los límites de los demás		
A menudo me divido: este es un mecanismo de defensa cuando las personas ven eventos o ellos mismos en un pensamiento en blanco y negro		
Tengo dificultad extrema para regular mis emociones		
Tengo numerosas y frecuentes relaciones, a menudo muy juntas		
Manipulo a mis seres queridos con amenazas o intentos de suicidio.		

Tiempo para reflexionar: ¿Qué aprendí del ejercicio de la página anterior?

"Eres mucho más fuerte que tus excusas."
-- Desconocido

¿Qué sigue?

Ahora que ha reconocido cualquier comportamiento poco saludable y/o tendencias tóxicas, su próximo paso es trabajar para cambiar esto. ¿Cómo empiezas?

Ten una conversación contigo mismo y con las personas importantes en tu vida y pregúntales cómo los lastimaste. Esto será extremadamente difícil y es posible que sienta que necesita defenderse. Asegúreles a estas personas que pueden expresarse con seguridad ante usted y hágales saber que desea trabajar para ser una mejor persona y tener una relación más saludable. Una vez que te hayan expresado esto, reflexiona sobre ello, tómate un poco de tiempo y hazles saber cómo vas a trabajar para cambiar estos comportamientos.

Una vez que haya tomado toda esta información y reconocido sus comportamientos, es hora de abordarlos. Comience a hacer el cambio y sea responsable ante usted mismo. Entonces, ¿qué haces con toda esta información? Trabaja en ti mismo. Comience la terapia (busque un terapeuta diferente si es necesario), lea libros, escuche podcasts y únase a grupos que aborden la autoexploración, el dolor, la ira y / o los límites.

.

Encontrando tu paz

- Se le permite terminar las relaciones tóxicas; se le permite alejarse de aquellos que lo lastiman; se le permite estar enojado e implacable. No le debes a nadie una explicación por cuidarte.
- No está obligado a perdonar a su abusador; no le debe nada. Esto no es un acto de agresión, es un acto de paz.
- La gente no abandona a la gente que ama. Las personas abandonan a las personas que están usando.
- A veces, el cierre que necesita es avanzar. Te lo dijeron todo con sus acciones.
- Te libero con todo mi corazón y recupero toda mi energía y poder que te di.
- Este nuevo capítulo en mi vida se llama *mi turno* y voy a tener el control.

Rompiendo con la toxicidad

Querida Mía, Romper con toda la toxicidad de mi vida tendrá sus desafíos. Entiendo que estas relaciones me agotaron emocionalmente y el proceso de curación no tiene una fecha límite. Algunos días y semanas serán difíciles, y otros serán más fáciles. Tengo que ser amable conmigo mismo y saber que me volveré más fuerte, encontraré felicidad, esperanza y satisfacción. No me culparé por no reconocer lo que me sucedió, miraré hacia atrás y será un recuerdo lejano del pasado. Nunca podría haber sabido que esta persona me estaba lastimando hasta que las señales se hicieron tan evidentes que dejé de poner excusas por su comportamiento. Superaré las etapas del duelo. Practicaré el cuidado personal, haré ejercicio, socializaré con amigos y familiares y participaré en actividades. También reflexionaré y trabajaré a través de la negación, el dolor y la ira que experimenté. Minimizaré lo que *podría haber*, *debería haber* y *habría hecho*, porque ahora sé que no habría hecho una diferencia.

Por favor, continúe escribiéndose esta carta a sí mismo:

Hojas de Trabajo

Has llegado a tu destino, ¿estás listo para comenzar tu desafío? Si respondiste que sí, *Buena suerte.*

Recordatorio para uno mismo:
Entiendo a las personas tóxicas – no lo personalizo
Llegaré a la aceptación para poder continuar sanando
Seré dueño de mi dolor, frustración y decepción y aprenderé cómo puedo ser mi mejor yo
Practicaré el amarme

Tengo la opción de cambiar cuando esté listo, y una vez que esté listo para hacer esto, cambiaré. Puedo vivir una vida sana y feliz porque creo en mí mismo, y puedo hacer esto!

¡Extremadamente importante! Por favor, no te rindas. Esto lleva tiempo.

En este capítulo, encontrará hojas de trabajo que lo ayudarán a desafiar sus patrones y comportamientos: creencias centrales, expectativas, pensamientos irracionales, apegos y toxicidad.

- Gráfico mensual: Aprenda a crear conciencia sobre acciones, reacciones, comportamientos, patrones, logros y reflexiones, a diario

- Una tabla de estado de ánimo para hacer un seguimiento de su estado de ánimo e intensidad:
  - Esto se completará semanalmente
  - Este registro le ayudará a reconocer sus patrones

- Hoja de trabajo situacional:
  - Cada hoja de registro es para que la use cuando surja una situación
  - Fecha en la parte superior de la página
  - Responde todas las preguntas
  - Esto te ayudará a reconocer tus patrones
  - Aumentar la conciencia de sus sentimientos, emociones, toxicidad, patrones, desafíos

- Notas:
  - Reconoce todo tu trabajo duro
  - Escribe sobre cómo te sientes
  - Escribe lo que has aprendido
  - Siempre puedes volver para reforzar lo que aprendiste

Date una palmadita en la espalda, ¡tienes esto!

Cómo usar el gráfico en la página siguiente

Cada día leerá las preguntas enumeradas y escribirá los números que se aplican a usted en cada casilla. Puede copiar esta página para que pueda continuar repasando la lista de verificación durante las próximas semanas. Cambiar acciones, reacciones y comportamientos antiguos y reconocer patrones lleva tiempo.

¡No te rindas! ¡Llegarás allí!

Recordatorio:

1. **Educar**: desea aprender lo suficiente para aceptar el diagnóstico y no personalizar la personalidad
2. Mantener límites
3. Comunicación efectiva
4. No te dejes atrapar por el caos / drama
5. **Desafía** tus pensamientos irracionales
6. Mantente conectado a tierra

7. ¿Qué vive al otro lado del miedo? *Vida*

1. Hice cumplir mis límites
2. No personalicé los comportamientos de la otra persona
3. Fui claro en mi comunicación
4. Usé declaraciones" I"
5. Reconocí la toxicidad
6. Yo no participé en el caos
7. Reconocí la manipulación / Gaslighting
8. Reconocí los rasgos de personalidad
9. Reconocí mi duda de mí mismo
10. Jugué el papel de víctima
11. Sentí culpa, dolor, dolor
12. Creí las palabras hirientes que me dijeron
13. Me mantuve conectado a tierra
14. Me eduqué sobre la toxicidad
15. Sentí que recuperé mi poder
16. Seguí desafiando mis pensamientos
17. Participé en un grupo de apoyo / asistí a terapia

Domingo	Lunes	Martes	Miércoles	Jueves	Viernes	Sábado

Registro de Estado de Ánimo

Esta hoja de trabajo le ayudará a reconocer mejor cómo se siente. Califica tu estado de ánimo al final de cada día.

Escala de 1 - 10

0---5---10

1 - 2: Calma, sin impacto; reacción mínima

3 - 4: La situación te ha elevado, comienzas a ponerte a la defensiva; tu tono se vuelve más fuerte, tu lenguaje corporal se presenta como cauteloso, enojado, frustrado, ansioso

5: Frustrado, molesto; modo defensivo

6 - 10: La ansiedad es alta, la reacción es exagerada; acalorado, enojado, gritando, frustrado; modo defensivo

Fecha	Nivel de Ansiedad	Pensamiento Irracional

Desafía tus comportamientos tóxicos, pensamientos irracionales y creencias fundamentales

En la página siguiente hay palabras clave comunes para ayudarlo a reconocer patrones de comportamientos, sentimientos y emociones que muestra durante los desafíos y de manera regular. Estos están relacionados con tu personalidad y pueden verse influenciados por el entorno en el que has vivido y en el que vives ahora.

El objetivo es reconocerlos para que pueda cambiar su vida para mejor.

Emociones, comportamientos, sentimientos y características

- Ansioso
- Uso compartido Excesivo
- Sentirse inseguro
- Procrastinar
- Perfeccionista
- Vergüenza
- Vacío
- Compararme con los demás
- Diálogo interno negativo
- Gente agradable
- Personalización
- Experimenta tensión muscular
- Irritabilidad
- Incapaz de dormir
- Dificultad para concentrarse
- Cansado
- Dolores de Cabeza
- Inquietud
- Corazón acelerado
- Indecisión
- Pensar demasiado
- Temblando
- Nerviosismo
- Incapacidad para no preocuparse
- Sudoración

- Miedo intenso al abandono
- Caminando sobre cáscaras de huevo
- Impulsivo
- Comprometido mis valores
- No podía decir lo que pensaba
- Mentir
- Celos
- Ira
- Engañados
- Paranoico
- Tolerar a las personas malas
- Con Luz de Gas
- Manipulado
- Odiado
- Hacer trampa
- Puntuación mantenida
- Jugando a la víctima
- Obsesionado
- Comportamiento justificado
- Dramático
- Competitivo
- Aislamiento social
- Gasto Excesivo
- Uso de blasfemias
- Agresión
- Obstinado / inflexible

Todo lo que has leído te ha ayudado a obtener comprensión y claridad para que puedas comenzar a desafiar situaciones y personas tóxicas.

Ha aprendido sobre toxicidad, trauma, dependencia, ansiedad, creencias centrales negativas, expectativas y patrones de pensamiento irracionales. Ahora tienes conciencia, pero no asumas y esperes que las cosas cambien de la noche a la mañana; es un viaje. Cada día es un paso adelante, e incluso si te caes unos pasos atrás, sigue avanzando.

Las siguientes páginas son hojas de trabajo para situaciones desafiantes que surgen; para ayudarlo a
procesar lo que sucedió con una mentalidad lógica versus la mentalidad emocional.

Situación / Evento de Activación:

Reacción a la situación: ¿Qué miedos e inseguridades ocurrieron? ¿Experimenté ansiedad y/o pensamientos irracionales? Si respondí que sí, ¿qué síntomas estaban presentes?

¿Pensé demasiado / rumié / sobreexplicé / justifiqué la situación? ¿Cómo?

¿Mis expectativas jugaron un papel en la situación? ¿Cómo?

¿Fui capaz de reconocer las tácticas tóxicas que ocurrieron?

¿Reconocí un estilo de apego poco saludable, vínculos de trauma y/o comportamientos tóxicos?

¿Mantuve mis límites? ¿Sí/No? Explícate. ¿Cómo fue mi comunicación?

¿Me perdí en la toxicidad?

Pensamientos, comportamientos y patrones irracionales que desafiaré:

Comportamientos tóxicos / insalubres que abordaré:

El método que usaré para conectarme a tierra y no personalizar las situaciones de la persona tóxica:

Situación / Evento de Activación:

Reacción a la situación: ¿Qué miedos e inseguridades ocurrieron? ¿Experimenté ansiedad y/o pensamientos irracionales? Si respondí que sí, ¿qué síntomas estaban presentes?

¿Pensé demasiado / rumié / sobreexplicé / justifiqué la situación? ¿Cómo?

¿Mis expectativas jugaron un papel en la situación? ¿Cómo?

¿Fui capaz de reconocer las tácticas tóxicas que ocurrieron?

¿Reconocí un estilo de apego poco saludable, vínculos de trauma y/o comportamientos tóxicos?

¿Mantuve mis límites? ¿Sí/No? Explícate. ¿Cómo fue mi comunicación?

¿Me perdí en la toxicidad?

Pensamientos, comportamientos y patrones irracionales que desafiaré:

Comportamientos tóxicos / insalubres que abordaré:

El método que usaré para conectarme a tierra y no personalizar las situaciones de la persona tóxica:

Situación / Evento de Activación:

Reacción a la situación: ¿Qué miedos e inseguridades ocurrieron? ¿Experimenté ansiedad y/o pensamientos irracionales? Si respondí que sí, ¿qué síntomas estaban presentes?

¿Pensé demasiado / rumié / sobreexplicé / justifiqué la situación? ¿Cómo?

¿Mis expectativas jugaron un papel en la situación? ¿Cómo?

¿Fui capaz de reconocer las tácticas tóxicas que ocurrieron?

¿Reconocí un estilo de apego poco saludable, vínculos de trauma y/o comportamientos tóxicos?

¿Mantuve mis límites? ¿Sí/No? Explícate. ¿Cómo fue mi comunicación?

¿Me perdí en la toxicidad?

Pensamientos, comportamientos y patrones irracionales que desafiaré:

Comportamientos tóxicos / insalubres que abordaré:

El método que usaré para conectarme a tierra y no personalizar las situaciones de la persona tóxica:

Situación / Evento de Activación:

Reacción a la situación: ¿Qué miedos e inseguridades ocurrieron? ¿Experimenté ansiedad y/o pensamientos irracionales? Si respondí que sí, ¿qué síntomas estaban presentes?

¿Pensé demasiado / rumié / sobreexplicé / justifiqué la situación? ¿Cómo?

¿Mis expectativas jugaron un papel en la situación? ¿Cómo?

¿Fui capaz de reconocer las tácticas tóxicas que ocurrieron?

¿Reconocí un estilo de apego poco saludable, vínculos de trauma y/o comportamientos tóxicos?

¿Mantuve mis límites? ¿Sí/No? Explícate. ¿Cómo fue mi comunicación?

¿Me perdí en la toxicidad?

Pensamientos, comportamientos y patrones irracionales que desafiaré:

Comportamientos tóxicos / insalubres que abordaré:

El método que usaré para conectarme a tierra y no personalizar las situaciones de la persona tóxica:

Fecha _____ _____ _____

Situación / Evento de Activación:

Reacción a la situación: ¿Qué miedos e inseguridades ocurrieron? ¿Experimenté ansiedad y/o pensamientos irracionales? Si respondí que sí, ¿qué síntomas estaban presentes?

¿Pensé demasiado / rumié / sobreexplicé / justifiqué la situación? ¿Cómo?

¿Mis expectativas jugaron un papel en la situación? ¿Cómo?

¿Fui capaz de reconocer las tácticas tóxicas que ocurrieron?

¿Reconocí un estilo de apego poco saludable, vínculos de trauma y/o comportamientos tóxicos?

¿Mantuve mis límites? ¿Sí/No? Explícate. ¿Cómo fue mi comunicación?

¿Me perdí en la toxicidad?

Pensamientos, comportamientos y patrones irracionales que desafiaré:

Comportamientos tóxicos / insalubres que abordaré:

El método que usaré para conectarme a tierra y no personalizar las situaciones de la persona tóxica:

Situación / Evento de Activación:

Reacción a la situación: ¿Qué miedos e inseguridades ocurrieron? ¿Experimenté ansiedad y/o pensamientos irracionales? Si respondí que sí, ¿qué síntomas estaban presentes?

¿Pensé demasiado / rumié / sobreexplicé / justifiqué la situación? ¿Cómo?

¿Mis expectativas jugaron un papel en la situación? ¿Cómo?

¿Fui capaz de reconocer las tácticas tóxicas que ocurrieron?

¿Reconocí un estilo de apego poco saludable, vínculos de trauma y/o comportamientos tóxicos?

¿Mantuve mis límites? ¿Sí/No? Explícate. ¿Cómo fue mi comunicación?

¿Me perdí en la toxicidad?

Pensamientos, comportamientos y patrones irracionales que desafiaré:

Comportamientos tóxicos / insalubres que abordaré:

El método que usaré para conectarme a tierra y no personalizar las situaciones de la persona tóxica:

Recordatorios para mí

Tomar el control de mi vida significa que dejé de luchar por algo que no es real. Mi silencio significa que estoy cansado de explicarme. Mi silencio significa que me estoy adaptando a los cambios en mi vida. Mi silencio significa que estoy en mi viaje de autocuración que no te incluye a ti. Mi silencio significa que sigo adelante con amor por mí mismo.

No necesito preguntarme cuál es mi posición con alguien, porque alguien que realmente me aprecia no me haría cuestionar mi cordura.

A veces, el cierre son acciones, no palabras. Cierra el libro y no esperes una conversación.

Es hora de que te deje ir, por difícil que sea, el dolor no es saludable para mí. Por lo tanto, estoy cortando el cordón que debería haber cortado hace mucho tiempo. Soy yo diciendo adiós.

El día que te deje es el día en que solo digo: "A la mierda; este es el día en que la vida mejora mucho."

Voy a asegurarme en la próxima temporada de mi vida de que no voy a permitir que nadie me lastime.

Voy a abrazar la nueva vida que tengo por delante.

Un recordatorio de que hay una diferencia entre una persona que me lastima al cometer un error y una persona que me lastima con sus patrones continuos. Los patrones no son errores.

Cuando sienta resentimiento, enojo y / o vergüenza, me recordaré a mí mismo que estoy en un lugar diferente hoy. Lo que fue en el pasado se queda en el pasado. Hice lo mejor que pude hacer y sentí que esa era mi única opción para ese "*momento y momento en mi vida*"."

Mis propios recordatorios personales:

Autoexploración

¿Cuál es el último cumplido que recibiste? ¿Cómo te hizo sentir?

¿Cómo puedes mejorar tu confianza en ti mismo?

"Eres mucho más fuerte que tus excusas."
-- Desconocido

¿Qué verdades sobre ti prefieres ignorar?

¿Qué mentiras te dices a ti mismo con más frecuencia?

¿Por qué o cómo eres mejor persona hoy de lo que eras ayer?

Escribe 3 cosas por las que estés agradecido hoy:

Estoy haciendo las paces con mi pasado. El perdón no es dejar a la gente fuera del gancho; es libertad emocional para mí.

¿Alguna vez has estado solo? ¿Cómo te sentiste?

¿Cuál es tu mayor inseguridad?

¿En qué área te falta confianza?

¿Qué te hace sentir optimista?

¿Qué mal hábito(s) tienes? ¿Qué vas a hacer para cambiar este hábito? Puede comenzar ahora y cambiar este hábito durante los próximos catorce días.

Escribe seis afirmaciones positivas que puedas recitar cuando estés abrumado, frustrado, enojado o decepcionado.

Todos cometemos errores en la vida, pero eso no significa que tengas que pagar por ellos por el resto de tu vida. Significa que eres humano. ¿Qué errores has cometido?

¿Por qué necesitas perdonarte a ti mismo?

"No se nos da una vida buena o una vida mala. Se nos da una vida. Depende de nosotros hacerlo bueno o malo." -- Desconocido

¿Cómo has controlado la dirección de tu vida este año?

¿Qué te impide cambiar las cosas que te gustaría cambiar de ti mismo?

¿Qué lecciones aprendiste en el último año que cambiaron tu vida?

¿De qué esperas seguir adelante en el futuro?

¿Qué experiencia(s) le han enseñado más sobre la vida?

Escriba las 8 cosas principales en su vida que le causan estrés. Para cada factor de estrés, escriba lo que puede hacer para cambiarlo.

Enumere cuatro creencias personales que esté dispuesto a reconsiderar. Explica por qué.

¿Qué canción describe tu vida? ¿Por qué?

¿Qué película describe tu vida? ¿Por qué?

¿Cómo te describirías a un extraño?

¿El silencio te incomoda? ¿Por qué?

Hora de chequear cómo va todo.

Desde que comenzó este libro de trabajo, ¿se siente más conectado consigo mismo? ¿Cómo?

Qué es algo que agradeces haber aprendido o hecho esta semana:

Lo que quiero recordar hoy:

"No tengas miedo de cambiar . Puedes perder algo bueno y puedes ganar algo mejor."
-- Desconocido

¿Estás realmente viviendo o simplemente existiendo?

Si continúas haciendo lo que has estado haciendo todos los días, ¿dónde estarás en un año?

Marque las características que usted siente que describen su personalidad. Escribe algo sobre lo que elijas y agrega otras características que reconozcas sobre ti.

- ❑ Práctico

- ❑ Auténtico

- ❑ Atractivo

- ❑ Humilde

- ❑ Buen oyente

- ❑ Fiable

- ❑ Paciente

- ❑ Terco

- ❑ Digno de Confianza

- ❑ Perdonar

- ❑ Sin prejuicios

- ❑ Resiliente

- ❑ Calma

- ❑ Valiente

- ❑ Sin Miedo

- ❑ Inspirador

- ❑ Optimista

- ❑ Apoyo

Marque las características que usted siente que describen su personalidad. Escribe algo sobre lo que elijas y agrega otras características que reconozcas sobre ti.

- ❑ Leal

- ❑ Compasivo

- ❑ Generoso

- ❑ Creativo

- ❑ Apasionado

- ❑ Tipo

- ❑ Entusiasta

- ❑ Consciente de sí mismo

- ❑ Intuitivo

- ❑ Aprendiz de vida

- ❑ Buen oyente

- ❑ Un líder

- ❑ Imparcial

- ❑ Honesto

- ❑ De Todo Corazón

- ❑ Comprometidos

- ❑ Consistente

*"Las personas tóxicas son
las lecciones más desafiantes
de nuestra vida;
te enseñan quién no quieres ser,
quién no eres **y quién quieres ser. "***

--Maria Shkreli

Realmente desearía que los demás supieran esto de mí:

¿Qué es lo que más valoras de ti mismo?

Haz una lista de 5 de tus rasgos negativos de personalidad.

Haz una lista de 5 de tus rasgos de personalidad positivos.

¿Qué es peor: fallar o nunca intentarlo?

¿Qué es peor, fallar o nunca intentarlo?

¿Te aferras a algo que necesitas dejar ir?

¿Cuál es tu mayor arrepentimiento?

"Nota para uno mismo: Los pequeños pasos en la dirección correcta son mejores que los grandes pasos en la dirección incorrecta." -- *Desconocido*

Yo auténtico o no auténtico: Es una elección consciente de cómo queremos vivir y cómo queremos ser vistos. Piensa en ti mismo y define lo que la autenticidad significa para ti. Pregúntese: "¿Quién se supone que debo ser y quién soy?"

A veces nos molesta el ruido exterior: la gente nos dice qué hacer, nos juzga y nuestras opiniones. ¿Cómo minimizas el ruido exterior?

Ser yo mismo es difícil porque . . .

¿Qué es lo más importante en tu vida?

Vives la vida todos los días como la conoces, y un día la vida llegará a su fin. ¿Cómo responderías a lo siguiente: Tuviste todas estas oportunidades para vivir tu mejor vida, perseguir tus sueños, encontrar tu verdadera felicidad y notar que no cumpliste con muchas oportunidades, ¿qué sucedió?

¿Cómo responderías a esta pregunta?

"Apareciendo por ti"

Cada experiencia en la vida te da la oportunidad de aprender y superar sus desafíos; elegir diferentes caminos o permanecer atrapado en lugares poco saludables.

Tú decides cada día cómo te vas a presentar.

--Maria Shkreli

Si tuvieras la oportunidad, ¿qué le dirías a tu yo de la infancia?

¿Qué vas a hacer hoy para ser más feliz en el futuro?

¿Qué es algo que desearías haber hecho este año pero no lo hiciste porque tenías miedo?

Si tuvieras más tiempo para hacer lo que amas, ¿qué harías?

¿Cómo has salido de tu zona de confort este mes?

*Un día miraré hacia atrás en mi vida y mis miedos, heridas y dolor y recordaré que hice lo mejor que pude en ese momento de mi vida. A veces es el momento, a veces es la experiencia y a veces es solo parte de la vida. Recordaré trabajar de manera diferente y abrazarme **a mí** mismo para seguir adelante.*

Voy a hacer mi vida . . .

¿Cómo te has saboteado en los últimos tres años?

Tómese el tiempo para reflexionar. ¿Cómo has cambiado en los últimos 5 años? ¿Qué has aprendido?

¿Dónde te ves en 5 años?

¿Qué edad tiene usted? ¿Cómo se siente tener la edad que tienes?

¿Te gusta en quién te has convertido?

¿Dónde te ves dentro de 10 años?

"No te enojes con las personas o las situaciones; ambos son impotentes sin tu reacción."
-- Desconocido

¿Qué estrategias de afrontamiento le ayudan a superar los momentos de dolor emocional?

¿Qué batallas has luchado y superado en tu vida?

¿Buscas validación externa (padres, amigos, redes sociales) para sentirte completo?

¿Con quién te comparas? ¿Cómo te hace sentir?

¿Cómo manejas la ira y la frustración?

¿Qué experiencias negativas parecen repetirse en tu vida?

Haga una lista de todo a lo que le gustaría decir que sí:

Haz una lista de todo a lo que te gustaría decir que no:

"Deja de tener miedo de lo que podría salir mal y piensa en lo que podría salir bien."
-- Desconocido

¿Te consideras sin prejuicios? ¿Eres de mente abierta? ¿Buscas entender a los demás antes de sacar conclusiones precipitadas?

¿Qué das por sentado?

Al establecer metas, ¿**estás interesado** (inventas excusas de por qué no puedes hacer estas metas) **o estás comprometido** (haces lo que sea necesario para alcanzar estas metas)? ¿Quién eres tú?

Ámate a ti mismo
lo mejor que puedas.

Cada mes durante los próximos seis meses, harás algo diferente. Vas a hacer algo nuevo: salir de la rutina, decir sí a algo a lo que normalmente dirías que no, comenzar un pasatiempo, cortarse el pelo de otra manera, usar ropa diferente e intentar una nueva actividad. Puede ser cualquier cosa, y lo vas a hacer. Escribe sobre todas estas nuevas experiencias aquí.

"Busca algo positivo cada día, incluso si algunos días tienes que mirar un poco más duro."
-- Desconocido

Escribe una carta a alguien que creyó en ti cuando tú no creías en ti mismo.

Regresa a una época en la que estabas herido. Escribe una carta a la persona que te lastimó, explicándole cómo te lastimó. Al final, perdónalos.

Escribe una carta a tu yo futuro, describiendo la historia de tu vida.

Escríbete una carta de agradecimiento a ti mismo.

"La vida es una oferta de una sola vez. Vívelo bien." -- *Desconocido*

Escribe una carta a tu yo futuro, pidiéndole orientación y todo lo que necesites en el camino para convertirte en la mejor versión de ti mismo.

Gratitud. Reflexione sobre las cosas buenas y malas que le sucedieron y lo que hizo para hacer que las cosas malas fueran más positivas.

Despejando tu espacio de cabeza

Vale, es hora de una honestidad brutal contigo mismo. Escriba su enojo, dolor, odio, malos pensamientos y deseos. Una vez que lo hayas escrito todo, lee lo que has escrito, arranca esa página y quémala.

Toma el control y cierra estas heridas profundas para que puedas seguir adelante. Ninguna persona merece tener tanto control sobre ti.

Dejar ir

Eventualmente, los cupones de culpa y culpa de los demás caducan,y mantener el pasado en tu presente ya no te sirve. Es hora de dejarse llevar y disfrutar del viaje por delante, aprovechando al máximo cada día y teniendo paz contigo mismo. En el momento en que comiences a tener el control de tu vida, el empoderamiento se sentirá como algo que nunca hubieras imaginado. A veces esto sucede cuando nos esforzamos por superar nuestro trauma y, a veces, sucede cuando, en cualquier momento, tenemos una epifanía y decimos: "He terminado con el dolor y he terminado con dejar que la gente me lastime."Cualquiera que sea la forma en que llegue su curación, así es como debe ser, y siempre recuérdese a sí mismo: **es su elección.**

Puedo elegir sentarme en mi dolor y no trabajar en mí, o puedo elegir no dejar que mi pasado me lastime y abrazar mi vida por delante porque puedo controlarla.

He roto con la TOXICIDAD

Felicidades y sigue adelante. Cuando llegas a este lugar, tienes opciones para cerrar el pasado.

1.   Reflexione sobre este libro de ejercicios y reconozca lo lejos que ha llegado.
2.   Cuando estés listo, arranca las páginas 6-20 y haz una fogata. Romperlos; quemarlos.
3.   Cuando estés listo, arranca las páginas 21-28 y haz una fogata. Romperlos; quemarlos.
4.   Cuando estés listo, arranca las páginas 29-48 y haz una fogata. Romperlos; quemarlos.
5.   Cuando estés listo, arranca las páginas 49-54 y haz una fogata. Romperlos; quemarlos.
6.   Cuando estés listo, arranca las páginas 55-64 y haz una fogata. Romperlos; quemarlos.
7.   Cuando estés listo, arranca las páginas 65-70 y haz una fogata. Romperlos; quemarlos
8.   Cuando estés listo, arranca las páginas 71-96 y haz una fogata. Romperlos; quemarlos
9.   Cuando estés listo, arranca las páginas 97-108 y haz una fogata. Romperlos; quemarlos

1.   Escríbase una nota sobre lo lejos que ha llegado y cómo ha encontrado el cierre de la toxicidad.
2.   Cuando estés listo para cerrar el pasado, celebra y haz una hoguera, rompe y quema el resto del libro. Puede haber tomado mucho tiempo y puede haber sido el tiempo exacto que necesitaba ser; ***Quiero que sepas que estoy orgulloso de ti, sigue avanzando -- - xoxox*** *Maria Shkreli*

"Te deseo felicidad en los años venideros" -- Maria Shkreli

Q:

"¿Estás seguro de que quieres darle la espalda a lo desconocido?

A:

*¡Lo **DESCONOCIDO** es donde **vive** todo lo que no tienes!"*

--Maria Shkreli